EDIÇÃO: Leticia de Castro
REVISÃO: Lilian Aquino
DIREÇÃO DE PESQUISA: João Reynaldo de Paiva Costa
COORDENAÇÃO DE PESQUISA: Thierry Freitas
TRANSCRIÇÕES: Caio Delcolli
PROJETO GRÁFICO, CAPA E DIAGRAMAÇÃO: Gustavo Piqueira | Casa Rex
ILUSTRAÇÕES: Michel Mendes (capa), Higo Joseph (contracapa) e Patricio Bisso.
FOTOS: acervo Hermínio Bello de Carvalho, Folhapress
TRATAMENTO DE IMAGENS: Felipe Caetano

ARACY DE ALMEIDA
NÃO TEM TRADUÇÃO

Eduardo Logullo

Aracy em dois tempos, por Patrício Bisso

JÁ ENJOEI DE CANTAR.

Imagens de entrevista ao programa "Fantástico", em 1976

O AMBIENTE NÃO AJUDA E O MINGAU ANDA GROSSO.

Frase extraída do livro "Dama do Encantado", de João Antônio, Editora Nova Alexandria, 1996

ESTAMOS CONVERSADOS

Abraços & beijos & batuques para a turma abaixo, que colaborou, cada um a seu modo, na realização do projeto deste Aracy-livro: Hermínio Bello de Carvalho / Flávio Aniceto / Jorge Salomão / Marcos Sacramento / Luiz Boal / Alexandre Pavan / Antonio Bivar / Henrique Kurtz / Elza Soares / Álvaro Machado / Marília Gabriela / Cida Moreira / Gal Costa / Mariana Pabst Martins / Mathilda Kóvacks / Fafá de Belém / Patrício Bisso / Jussara Silveira / Mariana de Moraes / Felipe Caetano / Id Ego / Ana de Oliveira / Samuel Salles de Oliveira / Glauber Amaral / Eric Drummond de Camargo / Higo Joseph / Regina Valladares / Carlos Maltez / Tainá de Moraes / Walter Vetor / Marcela Áquila / Alex Antunes / Leïlah Accioly / João Acuio / Rodrigo Faour / Chico Mazzoni / Leiloca Neves / José Simão / Eros Sester / Jefferson Alves de Lima / a malandragem universal e...

eu.

AGRADECIMENTOS ESPECIAIS

Hermínio Bello de Carvalho, propulsor da permanência de Aracy de Almeida na cena cultural brasileira.

Flavio Aniceto, precursor dos estudos sobre os fragmentos do "discurso aracyano".

João Reynaldo, sem suas pesquisas, este livro quase inexistiria.

Thierry Freitas, sem seu acompanhamento minucioso, este livro quase explodiria.

Centro de Cultura Popular Aracy de Almeida (Rio de Janeiro)

SESC (Serviço Social do Comércio)

NÃO TEM TRADUÇÃO
NOEL ROSA

O cinema falado é o grande culpado da transformação
Dessa gente que sente que um barracão prende mais que o xadrez
Lá no morro, seu eu fizer uma falseta
A Risoleta desiste logo do francês e do Inglês
A gíria que o nosso morro criou
Bem cedo a cidade aceitou e usou
Mais tarde o malandro deixou de sambar, dando pinote
Na gafieira dançar o Fox-Trote
Essa gente hoje em dia que tem a mania da exibição
Não entende que o samba não tem tradução no idioma francês
Tudo aquilo que o malandro pronuncia
Com voz macia é brasileiro, já passou de português
Amor lá no morro é amor pra chuchu
As rimas do samba não são I love you
E esse negócio de alô, alô boy e alô Johnny
Só pode ser conversa de telefone..

A composição "Não tem tradução" foi lançada originalmente por Noel Rosa em 1933 e re-gravada por Aracy em setembro de 1950, em disco produzido pela gravadora Continental.

016 Araracy,
por Walter Vetor

020 Com vocês, meu pai: Aracy de Almeida,
por Eduardo Logullo

028 O (muito) pouco que se sabe,
por Thierry Freitas

CAPÍTULOS

034 Prazer, encantada

040 Era uma vez

046 Cada um canta por onde pode

058 Papai Noel Rosa

080 A ópera da malandra

088 Tic-tac

092 "Você tem muito inimigo, Ary Barroso!"

100 Aracy que era a mulher de verdade

104 Ave, Maria

108 #bossaracynova

112 Viva voz

116 Cachorradas

122 Mama mia

124 A dama do chicote

136 Não saio do miserê

144 A mulher de cuecas

148 TV Aracy

174 De conversa em conversa

194 Do caralho

212 Referências bibliográficas

NÃO VIVO DE SAUDADE, VIVO NO PRESENTE E ACHO QUE ESTÁ TUDO CERTO. ATÉ 2000 VAMOS VER O BICHO QUE VAI DAR.

Trecho do programa "Vox Populi", 1979, TV Cultura, São Paulo

ARARACY
WALTER VETOR
(matusquela)

antes d aracy (1914)
nasceu carmen (1909)
depois dalva (1917)
nora ney e marlene (1922)
isaurinha e emilinha (1923)
ângela maria (1929)
e daí a geração gal (1945)
só q aracy é sem igual sem aracy não haveria
nem elza (1937)
ou bethânia (1946)
nem celly (1942)
ou rita lee (1947)
noel q sabia
o feitio e o feitiço
percebeu no ar
e fez d aracy
seu araçá
o resto é silêncio
única e icônica
aracy saiu d cena
da central do encantado
é ela a musa em música (gershwin)
preciosas são estas páginas deliciosas
anti-silente a dama revém
pra esta era careta
tão carente
d femilígneas
d voltagem vivente

EU SOU A MAIOR FULEIRAGEM QUE EXISTE.

Entradas de Aracy de Almeida como jurada de Silvio Santos, anos 1980

COM VOCÊS, MEU PAI, ARACY DE ALMEIDA
EDUARDO LOGULLO

(D)Escrever Aracy de Almeida. Complicação. Dificultação. Ditongação. Nasalação. Exaltação. Então, ação. Mão na obra. Obra extensa. Vida extensa. Vida louca. Boca profana. A primeira malandra. Alô, boy, alô Johnny: isso não é conversa de telefone.

Explicar é preciso, viver não é preciso. Como resumir a cantora libertária do ditongo entupido, do nasal magnífico que até Mário de Andrade citou em palestra? Aracy de Almeida sublimou/elevou a partícula "ão" e as emissões vocálicas. E continuou afinada-fanhosa-assumida-desafiadora pelo resto da vida. Aracy viveu tanto em tanto-tudo transformando tudo em *tutti quanti*. O elo perdido da elegância da periferia. O norte da zona soul carioca. Ela poderia ter dito: eu *soul* o samba.

Inventar algo sobre Aracy era um dos objetivos (quase) terroristas que guardei durante anos. Primeiro, seria algo apenas com frases curtas, no formato do *Livro Vermelho* de Mao Tsé-Tung. Depois, a possibilidade avançou para este formato, a partir de um papo-café-volátil com Rogério de Campos, que topou a ideia. Em seguida, Leticia de Castro selou a unção. Noel Rosa diria: são coisas nossas.

Aracy de Almeida permanece entre os artistas mais importantes do advento do samba gerado por suburbanos/negros/cafuzos/mulatos/malandros que passariam a ser (quase) aceitos socialmente como os refinadores/transformadores do batuque em um novo ritmo. Com seus ternos de linho branco, chapéus de lado e andar gingado, definiram-se como personagens no aglomerado de morros e bairros formados por descendentes dos escravos – libertos por decreto imperial apenas 26 anos antes de Aracy nascer. Tanto tão. Tanto tudo. Aracy mulata. De bocão. Ão.

Então, como contar isso? Por múltiplos olhares. Por intercruzamentos de interpretações. Este livro reúne cacos/inserts/bagulhos/jorros que formam aquilo que Flavio Aniceto chamou "Fragmentos de um discurso Aracyano", em um estudo que compara a fala-livre de Araca aos estudos semióticos de Roland Barthes. Ela começou, sem saber (como outros artistas que prenunciaram movimentos), o diálogo inovador entre as ruas do Rio e a música que chegaria de modo mulato às gravadoras e às rádios. Vamos supor: a sambeira-modernista Aracy trouxe a voz da "fidalguia carioca, sestrosa, picarda, encharcada de silenciosa dignidade, alta em si mesma, e a que pertenceram Pixinguinha, Clementina de Jesus, Cartola, Nelson Cavaquinho, Heitor dos Prazeres e, claro, Paulinho da Viola". Assim disse João Antônio, em seu livro *Dama do Encantado*.

A cidadã Aracy Telles de Almeida manteve identificação —atávica— com a malandragem, com o discurso da malandragem, com a visão de imponência da malandragem que exibia seus pequenos poderes para construir figuras que pudessem ser respeitadas nas comunidades excluídas pelas classes dominantes que andavam de charrete, usavam pincenê e ostentavam cartolas. O malandro que surgiu no final da década de 1920 antecipava o comportamento que vemos hoje – de modo disforme, porém ainda aproximativo – na fala dos garotos do funk ostentação. O malandro ostentava coragem, perspicácia, manha, estilo. Eu posso. Eu sou. Eu quero. Eu vou. Eu faço.

E pausa para um gole de cachaça.

Assim, os malandros (em sua maioria malandros negros que também se misturavam aos malandros brancos, oriundos dos bairros "remediados" da Zona Norte carioca) buscavam aceitação social e escancaravam seus pequenos luxos. Aquela negritude jovem, recém-egressa de famílias escravizadas, pela primeira vez expressava-se socialmente. Foram modernos, arrojados, audaciosos. Segundo Heitor dos Prazeres, a Praça Onze, na região central do Rio, era "uma África em miniatura". Outras ruas centrais como Alfândega, Senador Queiroz,

Visconde de Inhaúma e Barão de São Félix concentravam, desde os anos 1920, os batuques, as macumbas, as sociedades dançantes, os partidos altos, os cantadores de chulas.

O samba delineava-se como a trilha dessa nova sociedade que se formava a partir de negros, mulatos, portugueses casados com negras, pianeiros, batuqueiros, raiadores, brancos *outsiders*, poetas, cachaceiros, festeiros, malandros. O samba se confrontava com o europeísmo das elites. O samba transgredia. E Aracy foi uma das primeiras mulheres no contexto cultural de sua época a adentrar nas rotas musicais da malandragem. Fato que representa a conversão radical de uma garota de origem simples, de família careta-batista, à sedução do *bas-fond* artístico do Rio de Janeiro.

Quem a batizou na esbórnia da Lapa foi Noel Rosa. O samba de Noel era repleto de nuances e harmonias, bem diferente das composições dos sambistas surgidos na casa da legendária quituteira/macumbeira/sambista Tia Ciata --como Sinhô, Assumano e Donga. Noel era um lírico do Mangue, das boemias da Vila Isabel, da cidade urbanizada. Teria endereço certo aquilo tudo? Batismos de fumaças. Batuques. Mulatas. Botequins. Caixa de fósforo como percussão. Cocaína vendida em farmácia, até 1937. Apitos no samba. Narizes entupidos. Ressacas. Quinto copo de cachaça. Elegâncias. Pilantras. Madames. Satãs. Erês. Exus. Anjos. Alegrias.

E Noel levou Aracy de bonde ao centro do Rio. Foi a primeira vez que ela saiu do Engenho de Dentro e do Encantado, seus territórios de origem. O centro do Rio era quase uma Paris louca, majestosa e tropical. Os malandros frequentavam pontos estratégicos, onde não se misturavam aos almofadinhas da elite dos anos 1930. A malandragem reinava em "bocas". Eram núcleos que produziam gírias, sambas, parangolés, romances, modernizando o comportamento da Capital Federal que adentrava o Estado Novo. Até Tarsila do Amaral e Oswald de Andrade sabiam disso e praticamente trocaram São Paulo pelo Rio. Mário de Andrade, por sua vez, virou amigo e admirador de Aracy. E ela, por sua vez, não conversava com ninguém que considerasse errado. Mulher do sereno, soturna. Sem planos.

Aracy precisa também ser analisada como figura avançada, feminista, corajosa. Incorporou a fala das ruas como dialeto pessoal e intransferível, mantendo o discurso que, até a sua morte em 1988, seria único. Sem tradução. Destoava do padrão: palavrões, gírias, figuras de linguagem, apelidos, chacotas, ironias. Mora na filosofia? Portava-se de modo masculinizado, embora tivesse essência dócil, refinada, contemplativa. Malandra que sorria pouco, talvez por intuir que os malandros de verdade são concisos e contidos. Quase uma coisa budista. Soltam a bomba e olham pro lado. Aracy era rápida na resposta. Sabia fulminar ou rechaçar qualquer ataque. Mestra da boemia, da orgia, dos bordões. Como traduzir isso? Só convocando muitos.

O mais louco neste trabalho foi perceber a extensão da trajetória da artista, cantora, intérprete, criadora de estilo, antena doida e doída de seu tempo. Sua modernidade foi intuitiva. Deixou registros definitivos de Ary Barroso, Wilson Batista, Ismael Silva, Antônio Maria e tantos outros. Noel, por sua vez, continua musicalmente vivo depois de ter sido redescoberto em discos gravados por Aracy nos anos 1950 – duas décadas depois de sua morte precoce em 1937. Aracy mostrou o repertório de Noel aos formadores de opinião da época, em casas noturnas da zona sul carioca. Barbarizou o *society* ao revelar os labirintos daquelas gingas radicais. Aracy nunca combinou com nenhuma das cantoras da sua época. Ela foi anti-avant-pré-pop-porra. Enfim. Essa mulher ainda será melhor compreendida; mas este livro não pretende ser biográfico. Aqui não existe delator.

Aracy morreu sendo "jurada de televisão", imagem que permanece como seu derradeiro personagem: a durona, a raivosa, a absurda, a rabugenta, a chata, a eterna mal-humorada.

Poucos sabiam que ali se ocultava uma cantora que gravara mais de 300 músicas que mudaram o mapa da música brasileira. Intérprete rara. Inexplicável. Rara porque intraduzível ou intraduzível porque rara? Bolacha fina para as massas.

Ah, e existe o lance de que a consideravam sapatona, machona. Entonces, vamos nos guiar por seu amigo/tradutor/biógrafo, o poeta/historiador Hermínio Bello de Carvalho. Ele preferiu defini-la como pan-sexual no perfil Araca – *Arquiduquesa do Encantado*: "Amo qualquer um, homem, mulher, bicho, coisa. Dura um dia, um mês. Dura quanto durar."

E avança: "Sem alardear mudanças, deixou-se envelhecer sem envilecer, dentro de uma sociedade adoecida por preconceitos. Não é à toa que minha Araca, mostrando um certo azedume, declarou em meu programa de televisão que considerava seus cães infinitamente superiores aos seres ditos racionais. Estava próxima, portanto, da conceituação dicionarizada de pansexualismo". Mulher, homem, lobisomem, jacaré, mãe, filha, pai. Aliás, o músico paulista Tico Terpins, do grupo Joelho de Porco, a chamava de "pai". E a apresentou assim no show que ela fez em 1980 no Teatro Lira Paulistana: "Com vocês, meu pai, Aracy de Almeida" (frase que roubei para este preâmbulo malandro).

Pam-pam-pam. Vivaracy. Os lances & mumunhas da persona Aracy de Almeida continuam por aí. E daí? Algumas pessoas não têm tradução. Nenhuma pessoa tem tradução. O samba tem tradução? Não. Ão. Cada um samba e sambará por onde pode.

Estamos conversados: Aracyze-se.

Aracy de Almeida: saudada como rainha ao cantar no Zicartola, bar-restaurante fundado por Dona Zica e Cartola em 1963, no bairro da Glória, região central do Rio de Janeiro. O local foi um ponto de resistência cultural ao avanço da caretice que se alastrou antes e depois do golpe militar. (Foto: acervo Hermínio Bello de Carvalho)

O (MUITO) POUCO QUE SE SABE
THIERRY FREITAS

- Carioca e orgulhosamente suburbana, nasceu em 19 de agosto de 1914 e foi criada no bairro do Encantado, região do Engenho de Dentro, Zona Norte do Rio.
- Foi registrada como Araci Telles de Almeida, mas adotou a grafia Aracy de Almeida porque "com Y fica mais bacana".
- Filha de Baltazar e Hermogênea, a menina Aracy era a mais velha dos três filhos do casal. Começou cantando no coro da Igreja Batista do Méier, onde seu irmão Alcides era pastor. Cantou também em terreiros de umbanda e no bloco "Somos de pouco falar". Amém, axé e ziriguidum.
- Em 17 de Agosto de 1932 foi levada por Custódio Mesquita à Rádio Educadora do Rio onde conheceu Noel Rosa e recebeu um dos convites mais celebrados da música brasileira. Bendita cervejinha na Taberna da Glória. Neste glorioso dia, Aracy recebeu de Noel a canção "Riso de criança". Era o início da parceria e da amizade entre os dois. Ele morreu cinco anos depois, de tuberculose. Ela se tornou sua viúva artística pelo resto da vida.
- Nunca escondeu sua atração por jogadores de futebol. Ainda na década de 1930 chegou a juntar seus trapos com José Fontana, goleiro do Vasco, conhecido como Rei. A convivência durou pouco e a relação nunca foi bem explicada. Aracy chegou a declarar, muitos anos depois: "é que o homem dos meus sonhos nasceu morto, minha filha".
- Torcia pelo Palmeiras em São Paulo e Vasco no Rio. No carnaval era Mangueira, escola de samba que a homenageou em 1986.
- Adorava cachorros: foram dezenas. Todos tratados como se fossem filhos.

- Boêmia assumida, tomava todas. Frequentou bares, botecos e bocas com a fina flor da malandragem carioca (e também com o *high society*).
- Entre as décadas de 1940 e 1950, cantando repertório de Noel Rosa, realizou temporadas de sucesso na Boate Vogue, no Rio. Os shows, junto com os álbuns posteriores dedicados à obra do compositor e uma série de programas para a Rádio Tupi, produzidos por Almirante, foram responsáveis pela redescoberta de Noel pelo grande público.
- Ainda nos anos 1950, mudou-se para São Paulo, onde ficou durante 12 anos. Nos intervalos se deslocava ao Rio para realizar shows (como o que fez ao lado de Sérgio Porto e Billy Blanco na Boate Zum Zum) e outras farras.
- Seu pai foi chefe de trens da Central do Brasil e talvez daí venha a ligação com locomotivas. O pavor de aviões a impediu de realizar shows em lugares distantes da região sudeste do Brasil e no exterior, e fez com que durante anos realizasse o trajeto SP-Rio-SP por trilhos. Eis o motivo de um de seus apelidos: Dama da Central.
- Sempre foi encantada pelo Encantado, lá ficava sua residência oficial: a casa serviu de cenário para grande parte de seus cantos, contos, causos e cantadas.
- Referência mítica na classe artística, a casa era decorada com quadros de Aldemir Martins e Di Cavalcanti, ambos seus amigos. Di, inclusive, fez a capa do LP "Aracy de Almeida: Sambas de Noel Rosa", de 1954. Sua pinacoteca contava também com obras de Clovis Graciliano, Antonio Bandeira, Walter Wendhausen, Heitor dos Prazeres, Djanira e Luiz Canabrava.
- Ficou conhecida como a principal intérprete da obra de Noel, (título que disputou durante algum tempo com

Marília Baptista[1]), e se eternizou na era do rádio com o slogan artístico "O Samba em Pessoa".

[1] Cantora e compositora que também foi uma importante intérprete de Noel Rosa.

- O circulo de amizades de Aracy incluía artistas e intelectuais: Carmen Miranda, Linda Batista, Mario de Andrade, Vinicius de Moraes, Dorival Caymmi, Paulo Mendes Campos, Sérgio Cabral, Hermínio Bello de Carvalho, Antônio Maria, Paulinho da Viola, Jorge Benjor, Dener, Maria Bethânia e mais um bocado de gente.
- Definia-se como protestante ou "israelita". Inclusive, durante o período em que morou em São Paulo, estudou os preceitos do Judaísmo. Os amigos admiravam seu profundo interesse por parábolas bíblicas.
- Entre 1946 e 1968 fez participação nos filmes *Segura esta mulher*, *Esta é fina*, *Carnaval em lá maior*, *Perpétuo contra o esquadrão da morte* e *Cordiais saudações*.
- Em 1969, ao lado de um *power trio* composto por Jorge Ben Jor, Paulinho da Viola e Toquinho, Aracy apresentou no Teatro Cacilda Becker, em São Paulo, o show "Que maravilha". Sobre o espetáculo, ela diria mais tarde: "um show com tanta gente de nome e não ganhamos nada! (...) Não saía grana!".
- 1964: no ano do golpe militar, apresentou-se com Sérgio Porto (Stanislaw Ponte Preta) e Billy Blanco na boate Zum-Zum, na zona sul carioca. No ano seguinte, ainda no Rio, enveredou por uma série de espetáculos um tanto mais politizados: "O Samba pede passagem", no Teatro Opinião; "Conversa de botequim", dirigido por Luiz Carlos Miéle e Ronaldo Bôscoli, na casa noturna Crepúsculo; e, no Le Club, fez show com Murilinho de Almeida.
- Em 1976, junto com a transformista Valéria, surge em show de nome sugestivo na boate Igrejinha, em São Paulo: "Um homem, uma mulher".

- Gravou músicas de importantes compositores, entre eles Ary Barroso, Assis Valente, Lamartine Babo, Jacob do Bandolim, Ataulfo Alves, Miguel Gustavo, Vadico, Herivelto Martins, Orestes Barbosa, Geraldo Pereira, Caetano Veloso, Fernando Lobo, Wilson Batista e, claro, Noel Rosa.
- Sua discografia, segundo levantamento de Paulo César de Andrade, soma 390 registros em 78 rpm, 45 rpm e 33 rpm, entre composições inéditas e regravações. Nos 11 álbuns que fez a partir dos anos 1950, seis têm a palavra "samba" no título. Aracy de Almeida gravou pelo selos Columbia, RCA-Victor, Odeon, Continental, Polydor, Mocambo, Elenco e Phillips.
- No final da década de 1960 estreou no programa de calouros de Pagano Sobrinho (TV Record). Até o final dos anos 1980 continuou a fazer sucesso ao fulminar os calouros dos programas de Aérton Perlingeiro, Bolinha, Chacrinha e de Silvio Santos. Era vaiadíssima. Participou também do mega-kitsch "Almoço com as Estrelas", de Lolita e Airton Rodrigues, (TV Tupi) e dos programas de Mário Montalvão (TV Globo) e Pepita Rodríguez (TV Manchete).
- Sua personalidade forte e opiniões duras a tornaram, na época, a jurada mais bem paga da TV – e uma das personagens mais conhecidas do Brasil. Ela adorava dar nota zero.
- Saiu de cena em 1988, aos 73 anos.

Aracy de Almeida começou a cantar no início dos anos 1930, incentivada por Custódio Mesquita e Noel Rosa. Foto de 1936, sem autor identificado

PRAZER, ENCANTADA

Aracy manteve-se ligada por toda vida com o seu bairro de origem: Encantado, na Zona Norte do Rio.

Azaleias e caramanchões

"Nasci no Encantado, fui criada ali, tenho lá minha casa com minhas flores e meus cachorrinhos de estimação. Ali eu fui menina, fui pobre, dormi em cima de esteira. É uma casa térrea, minha, cheia de azaleias na primavera e de caramanchões; eu lá vou me sujeitar a viver dentro de um apartamento? Não, compadre, não é por nada, não. Mas esse babado de Zona Sul, apartamento, quarto-e-sala... a sua tia aqui não embarca nessa canoa. Depois, me criei no Encantado. Sabe, a gente sente o calor de tudo isso."

Fala de Aracy extraída do livro *Dama do Encantado*, de João Antônio, Nova Alexandria, 1996.

Saudosa maloca

"Quem nasce no subúrbio fica enraizado. Aquilo é Brasil mesmo. Nele esse negócio de americano não funciona. E não mesmo".

Depoimento a Ary Vasconcellos para a revista *O Cruzeiro*; data não identificada.

Dona Xepa

"É, compadre, eu gosto de fazer feira. Quando estou no Encantado, não perco uma feira. Lá em casa se come muita verdura fresca e eu mesma é que vou às bancas escolher. Tenho muita mão para escolha, meu filho. Dia de feira pra mim é sagrado, hein?".

Revista *Realidade*, São Paulo, 10/1968.

Saravá

"Cantei muito em macumba quando era broto. Sabia aqueles pontos todos: "Pomba Girê, Pomba Girá". Toda sexta-feira, ia lá comer meu folclore: quiabo com frango."

Recorte de jornal não identificado, citado no libreto da exposição *Aracy de Almeida: A Realidade do Samba*, realizada no Centro Popular de Cultura Aracy de Almeida, em 2008

Aula de geografia

"O Encantado é longe. É o nordeste do Brasil."

Aracy de Almeida ao *Jornal do Brasil*, Rio de Janeiro, 11/11/1981.

Aleluia

"Nasci remediada. Meu pai era funcionário público, e meu irmão, pastor protestante. Eu, inclusive, já cantei em coro de igreja."

Revista *Manchete*, Rio de Janeiro, 28/03/1964.

Mulata miúda

Aracy de Almeida, quatro anos mais velha que Marília Batista, nasceu, cresceu e para o resto da vida permanecerá ligada ao Encantado, subúrbio carioca em nada parecido com os bairros progressistas, de classe média, em que têm vivido os filhos do Dr. Renato Baptista [*pai da cantora Marília Baptista*]. A linha do trem divide o Encantado em dois, um lado melhorzinho, e assim mesmo de ruas sem calçamento, casas muito pobres, vidas modestas, e outro ainda pior, no qual, pés no chão, foi criada Aracy, mulata miúda, cabelo encarapinhado, jeito de molequinho de esquina, mas muito autêntica, de uma autenticidade que nada, nem o tempo, nem a fama, lhe vai roubar.

É filha de um chefe de trens na Central do Brasil. Pobre, muito pobre. Não frequentou bons colégios, não teve oportunidade de estudar música, não pode orgulhar-se de descender de um barão poeta como Luís Monteiro de Barros. Enquanto Marília exercitou o seu canto orientada por professores de conservatório, Aracy fez seu aprendizado no coro da igreja Batista da qual seu irmão Alcides era pastor. Aos domingos, seis da tarde, toda a família se reunia ali para buscar nos sermões e nos hinos religiosos um pouco de conforto para sua pobreza. Mas Aracy nunca ligou muito para a igreja e a falta de dinheiro. O que queria mesmo era ser cantora de rádio. Sempre soube que tinha jeito.

Noel Rosa: uma Biografia, de João Máximo e Carlos Didier, Editora LGE, p. 233-234.

Criança-problema

"Meu pai, Baltazar Teles de Almeida, nasceu na Fazenda do Barão da Taquara, em Jacarepaguá. Era chefe de trem da Central do Brasil. Protestante, pertencia à Igreja Batista do Méier. Era um homem bom; nunca levantou a voz em casa. Mamãe, Hermogênia Lemos de Almeida, era também carioca. E criou-nos com toda a liberdade."

"Papai fez tudo que lhe era possível para que a gente estudasse muito, mas a verdade seja dita: não éramos lá muito de estudos. Aprendi a ler em um colégio da José dos Reis... onde tive como colega... Alziro Zarur[2]. De lá, fui para o Colégio Nacional, no Méier. Mas cheguei só à admissão e olhe lá. Eu não era flor que se cheirasse. Era criança-problema, entende?"

[2] Jornalista e poeta carioca.

Depoimento a Ary Vasconcellos para a revista O Cruzeiro, sem identificação possível de data. Citação extraída do texto "Fragmentos de um discurso Aracyano", de Flavio Aniceto, coordenador-geral em 2008 do Centro Popular de Cultura Aracy de Almeida, Rio de Janeiro.

Badulaques e faianças

A casa onde vivia, no bairro do Encantado, era casa no mais vasto sentido: ampla, com jardins ao fundo, janelas permanentemente abertas, ensolarada. E quadros de Di Cavalcanti, Clóvis Graciliano, Antonio Bandeira, Walter Wendhausen, Heitor dos Prazeres, Luiz Canabrava, Aldemir Martins. Uma bela coleção de opalinas, além de faianças, o relógio de ouro, o gramofone, vasos raríssimos, badulaques espalhados pela casa – e um busto seu, esculpido por Bruno Giorgi, sobre o *étagère*. Catar antiguidades que um amigo leiloeiro lhe indicava (*"Nada como uma boa pechincha"*) foi mania que me contagiou. Tapetes persas, lustres da Bohemia, *biscuits* raríssimos – a algaravia feita pelos seus companheiros ciumentos e inseparáveis: Feijão, um *poodle* sem-vergonha, Gorda e Miudinha, duas "pelos de arame", e mais Donas Micas e Amigas (dessas esqueci a raça). Betina, a empregada, cuidava da casa. Feijão estava habituado às boates, onde era servido à mesa e comia batatas fritas e bife com cebolas. (...) A rádio, permanentemente sintonizada no Ministério da Educação, fizera dela consumidora de óperas. *"Ih! Adoro aquele berreiro. Hoje à tarde escutei uma de Mozart"*.

<small>Araca: arquiduquesa do encantado – um perfil de Aracy de Almeida, Hermínio Bello de Carvalho, Edições Folha Seca, 2004, p. 10.</small>

O gol de Araca

No final dos anos 1930, Aracy dividiu o travesseiro com o goleiro do Vasco da Gama, time de seu coração. Ela mesma atestou, num formulário da Previdência, aos 25 anos: "estado civil, casada; nome do esposo: José Fontana". Conhecido como Rei, o goleiro disse que, certo dia, em casa, começou a encerar o chão para se exercitar – Aracy estava fora – quando batem à porta. Ele atendeu e deparou com o incansável (e pouco confiável) David Nasser[3], que queria mostrar uma música para a cantora. O jogador, que foi também goleiro da seleção, disse que se o compositor encerasse toda a casa, Aracy gravaria a música. Nasser empunhou o vassourão e, em duas horas, o chão brilhava. Quando chegou em casa, Aracy se surpreendeu com o belo trabalho. Rey contou a história, defendeu Nasser, e Aracy gravou "Com razão ou sem razão". O amor é realmente lindo.

[3] Compositor e jornalista.

"Aracy de Almeida, mulher do futuro", de Alexandre B. de Souza e Leonardo S. Prado. Revista *Piauí*, edição 8, 05/2007.

ERA UMA VEZ

Registros aracyanos na revista Fon-Fon, publicados quando a cantora fazia sucesso em programas de rádio.

TEMPO PERDIDO...

— Ensinar Orlando Silva a chorar....
... Aracy de Almeida a cantar pelo nariz...
... Zé Bacurau a falar correctamente...
... Silvino Netto a ter juizo...
... Moreira da Silva a expressar-se em giria,

26 de outubro de 1940, na coluna Samburá Radiophônico

EU VI...

Almirante abraçando o Muraro...
Aracy de Almeida cantando um trecho da "Traviata"
Carmen Miranda imitando Cynara Rios
Maria Amorim cantando "Ai... Ai... meu Deus"
Ary Barroso abandonando as transmissões sportivas
Baptista Junior fazendo graça...
Eu vi... mas tudo não passou de um sonho!

Até sabbado, se Deus quizer...

26 de outubro de 1940, coluna Samburá Radiophônico

Barbas de Molho

POR SEBASTIÃO FONSECA

IV

ARACY DE ALMEIDA

Eis a interprete maxima do samba!
E o seu samba é gostoso como quê!
Quem, ouvindo-a, haverá que não se lamba
E não ache, afinal, "bossa" em você?...

Mas é pena dizer: você descamba,
Cada vez mais, na "orgia" e no "soffrê"...
Você vive a apanhar do mesmo "bamba",
Num mesmissimo e eterno "miserê"...

Mas você quer saber o que me espanta?
— E' que quando, fanhosa, você canta,
Eu fico sem saber qual é seu jogo...

Pois você que, ao que consta, é Fluminense,
E é "torcida" do Rey, "keeper" banguense,
Canta pelo "Nariz"... que é Botafogo!...

(Ouça o programma "BARBAS DE MOLHO", todas as quintas-feiras, das 21 e 15 em deante, pela NOSSA PRB-7, Radio Educadora do Brasil).

21 de setembro de 1940, seção Barbas de Molho, de Sebastião Fonseca

SAMBURÁ radiophonico
COISAS de ARMANDO MIGUEIS

HOMENAGENS CADAVERICAS...

A. de A.

Dona Aracy Chora-Chora,
que creou uma linguagem,
veiu p'ra cá sem demora
sómente por... "fuleragem"...

C. M.

Um faminto verme, ao vel-a,
chorou e disse tambem:
— Tenho pena de comel-a....
Que é que a bahiana tem"

GADE'

Quando elle baixou á terra,
os vermes, acovardados,
fugiram, que nem na guerra,
francamente apavorados...

HENRIQUE GUIMARÃES

Muito embora com valor,
elle andou de Séca-em-Méca...
E, apesar de ser cantor,
mais pareceu ser peteca...

COISAS IMPOSSIVEIS...

Aracy de Almeida entender a nova orthographia...
Lamartine Babo engordar...
Almirante fugir da publicidade...
Cesar Ladeira ser galã...
Alziro Zarur prender alguem...
Cyro Monteiro fazer trocadilhos finos...

Até sabbado, se Deus quizer...

20 - 7 - 1940

20 de julho de 1940, coluna Samburá Radiophonico, de Armando Migueis

Novos collaboradores dizem que...

S. V.: Aracy de Almeida podia ser mais accessivel ás pessôas que se aproximam della, para conhecel-a... *Ransinza*: a PRF-4 devia tambem fazer transmissões de enterros, directamente dos cemiterios... *Xurúsinho*: Carlos Frias vae jogar uma cartada séria, e tomára que não se arrependa de ter sahido da Tupi... *Cathedratico*: um "speaker" da Educadora disse "que deu-se", em vez de dizer "que se deu", conforme as regrinhas de Do-na Grammatica... *Judith Vieira*: o radio-actor Romero Vianna está melho-rando... *Malagueta*: Heloisa Helena deve estar por conta com Mr. Adolph Zukor, que não quiz leval-a para Hollywood... E, por hoje, é só... R. R.

16 de março de 1946

❋ ❋ ❋

Aracy de Almeida já fez sua es-tréa na Tupy, que a contractou pe-la somma de quatro contos de réis mensaes! Ella está ganhando, como se vê, muito mais que Genolino Amado para escrever a "Bibliothe-ca do Ar" da PRA-9...

23 de abril de 1948

❋ ❋ ❋

ARACY DE ALMEIDA famosa sambista carioca, presentemente atuando na capital de São Paulo, está tratando de mudar de prefixo. Fui informado que as preferências da cantora "balança" entre a Rua Mayrink Veiga e Praça Mauá! Na foto, o Carlos Sobrinho canta para Aracy que se vê acompanhada do humorista de São Paulo, Adomiran Barbosa.

14 de maio de 1955

OUVI E ANOTEI

Em 33 1/3 RPM (LP)

Em Disco Continental

"CANÇÕES DE NOEL ROSA", na voz de Aracy de Almeida, apresentando: Meu barracão; Voltaste; São coisas nossas; Fita amarela; Côr cinza; Eu sei sofrer; A melhor do planeta e Já cansei de pedir.

Os arranjos dessa gravação foram feitos por Vadico, e deram uma roupagem nova a essas músicas inesquecíveis do Poeta da Vila.

Para comentar a interpretação da querida "fanhosa" Aracy, precisaria de muito espaço porque em cada música apresentada, ela se esmera para interpretar, nos mínimos detalhes, os temas que Noel tão bem soube abordar.

As letras de Noel devem ser ouvidas e analisadas, pois compreendem um grande espírito de observação, sutil e humano. Pena a qualidade da gravação não ser boa, tem muito chiado.

FON - FON

04 de agosto de 1956

"CADA UM CANTA POR ONDE PODE"

A polêmica sobre a voz anasalada de Aracy a acompanhou durante toda a sua vida, mas era uma característica elogiada por muitos. Inclusive por Mário de Andrade.

Lady Araca

"Se Aracy de Almeida tivesse nascido nos Estados Unidos, seria pau a pau com a Billie Holiday".

Frase do escritor, crítico e músico Victor Giudice (1934-1997), citada por Lucio Sanfillipo em texto de 2009 para o blog do Centro Popular de Cultura Aracy de Almeida.

No gogó

"Naquele meio, tinha muita gente desafinada, mas eu era conhecida como afinada. Eu nunca desafinei nada!"

Depoimento em *Mosaicos: a arte de Aracy de Almeida*, documentário dirigido por Nico Prado, com coordenação musical de Fernando Faro e produção de Fernando Abdo. TV Cultura, São Paulo, 2009.

Camaradas

"A verdade clarinha, compadre, é que nos tempos antigos, principalmente na minha fase de RCA Victor, havia mais camaradagem e todos os artistas torciam pelo sucesso de um cantor. O Orlando Silva, a Aurora Miranda, o Francisco Alves, todo mundo ajudava no coro. A gente tinha uma dificuldade bárbara para gravar. Então, se dava outro valor, né?"

Fala de Aracy extraída do livro *Dama do Encantado*, de João Antônio, Nova Alexandria, 1996.

Era uma vez

— Eu fui pro rádio levada por um cara que tocava violão, que me acompanhava naqueles "pagode". Eu tinha a voz muito boa, muito alta e cantava muito. Esse cara me levou ao Custódio Mesquita, foi assim que eu entrei pra rádio.

— Em que rádio?

— Hoje em dia não existe mais essa rádio: era a Rádio Educadora do Brasil. Isso foi em mil novecentos e antigamente.

Entrevista de Aracy de Almeida concedida a Antônio Bivar para a revista *A-Z*, São Paulo, 1987.

Nasalidades

Hermínio Bello de Carvalho, poeta, escritor e compositor, considerado o amigo mais próximo de Aracy de Almeida (é autor de uma biografia sobre a cantora), fez um livro de cartas imaginárias a Mário de Andrade. No volume, ele faz várias referências à conferência "A pronúncia cantada e o problema do nasal brasileiro através dos discos", de 1937, e aos artistas citados pelo autor modernista – que também estudou a música popular e o folclore do Brasil.

Ora, ora, aonde quero chegar? Sou também um pouco dessa brabuleta que fica ziguezagueando em torno da tua conferência *A pronúncia cantada e o problema do nasal brasileiro através dos discos*, em que esparramas conhecimentos absorvidos na audição de artistas tão díspares quanto os Oito Batutas, Carmen Miranda, Bando da Lua, Mário Reis, Francisco Alves, Elsie Houston, Jararaca & Ratinho, Aracy de Almeida e Moreira da Silva. E é dali que extraio um trecho que servirá de guia para uma reflexão, que, se estiver equivocada, aguardo que você corrija.

Antes de tudo, você ensina que, "de fato, dicção e timbre demonstram ser caracteres raciais profundamente predeterminados por funções fisiológicas e são, por isso, valorosa prova das relações e diferenciações antropológicas."

Cartas cariocas para Mário de Andrade, de Hermínio Bello de Carvalho, Edições Folha Seca, 1999, p. 43.

Só falta pancada

"Sua voz sofreu restrições, devido à característica anasalada. Mas como intérprete ela foi a cantora que mais profundamente captou e transmitiu a essência rítmica do samba — a cadência.

Enquanto cantou e gravou, sua vida virou terreno do diz-que-não-diz em que era mais atacada do que atacava. As suas apresentações, de scripts livres, em boates e teatro, acabavam levantando críticas azedas, pois Aracy, em matéria de franqueza, não falava a meia verdade."

Dama do Encantado, de João Antônio, Nova Alexandria, São Paulo, 1996.

Mário de Andrade: matusquela

Já expus a você que prefiro certas "vozes ingratas" a algumas outras, que, diferentes da de Aracy, me soam monocromáticas, aguadas, anódinas, assexuadas, desservidas de páprica, aipo, coentro, de uma cebolinha e alho. Vozes que podem exaurir os pulmões cantarolando o dia inteiro na vitrola, que, mesmo exercitando adivinhação com o maior empenho, consigo jamais identificá-las. Classifico-as de vozes incolores, talvez porque tenha me afeiçoado aos meio-tons dramáticos de uma Billie Holiday, à policromia vocal de Elizeth e à pungência da voz da minha Aracy de Almeida. Já não disseram que timbre é a cor da voz? Fico nessa banalização, nessa simpática redução conceitual.

A prolação de impropérios e a voz de timbração anasalada ("cada um canta por onde sabe", declarou certa vez) você mesmo conheceu na Taberna da Glória, bebendo uma cerveja Cascatinha com minha doce Araca, arquiduquesa do Encantado, Rainha dos Parangolés, a Dama da Central, amiga e deusa de tantos amigos teus, meus e de Mateus.

("Ele era muito matusquela; bebemos pra cacete!", me disse um dia, quando falávamos de você.)

Cartas cariocas para Mário de Andrade, de Hermínio Bello de Carvalho, Edições Folha Seca, 1999, p. 57-58.

Vogais coloridas

Em uma conferência em 1943, Mário de Andrade elogia os nasais e a pronúncia vocálica da cantora.

Mais vagos, ao nosso ver como regionalismo de caráter vocal, ainda surgem numerosos cantores brasileiros, bem constantemente nasais. É, por exemplo, o Sr. Mota da Mota (*Vou Girá*, Victor, 33380), embora exagere um pouco a maneira rural de entoar. É o nasal admirável do Sr. Raul Torres nesse dolente e brasileiríssimo *É a morte de um cantadô* (Odeon, 11238). É o Sr. Gastão Formente que no *Foi boto, Sinhá* (Victor, 33807), apesar de sua voz bastante ingrata, adquire uma cor nasal perfeitamente nossa. É também a Sra. Aracy de Almeida (*Triste Cuíca*, Victor, 33927), com ótima cor de vogais e menos feliz prolação de consoantes. Neste disco, se apresenta um bom exemplo de variabilidade de pronúncia do "não", bem claramente "nãum" quando mais vigoroso, e na outra face do disco, escurecendo-se na dicção mais rápida, até que, num quase presto, chega a soar quase exclusivamente "num". As variantes melhores estão no fim da música (*Tenho uma rival*), após refrão instrumental.

Trecho da palestra de Mário de Andrade extraído de *Aspectos da Música Brasileira*, de Mário de Andrade, Nova Fronteira, 2012

Não é de araque

Ouvi pela primeira vez Aracy de Almeida nos anos 1960, num 78 rotações. Sua voz soava diferente de tudo, e minha avó, fã ardorosa, contava que a Araca cantava nasalado porque tinha problemas nas adenoides, que acabou por extrair, numa cirurgia. Porém, depois da intervenção, ao cantar sem o tom nasal que a caracterizava, o público lhe torceu o nariz, e ela teve que forçar o "defeito" de volta.

Se é verdade, não sei. O fato é que o samba, dos anos 1930, era blues. E Aracy, a Bessie Smith daqui. Maldita, porém bem falada, (...) Dizia o que vinha à cachola. E podia dizer. Aquele jeito malandro, suburbano, escondia uma dama de vasta erudição. "A dama do Encantado", que detestava bossa nova, com toda razão.

Interpretação aracyana por Mathilda Kóvak, que se define como jornalista, escritora, compositora, roteirista e chantagista emocional profissional. Em depoimento ao autor.

Acento triste

São mesmo muitas as diferenças entre Aracy e Marília [Baptista]. Esta tem voz de timbre suave, pouco extensa, mas que aprenderá a usar com adequação. A voz de Aracy é anasalada, mas consistente, com certo acento triste que lhe dá cor muito própria. Não aprenderá nada: nasceu sabendo. Marília tem ouvido privilegiado (e graças a ele ainda será melhor compositora do que cantora). O ouvido de Aracy é duro. Sua memória musical, fraca. Tem dificuldade para aprender músicas de harmonizações complicadas. Marília domina a técnica, Aracy é artista intuitiva. Mas grande. Qual das duas será a melhor intérprete de Noel? Na voz de qual suas composições soarão mais ao gosto dele?

Noel Rosa: uma biografia, de João Máximo e Carlos Didier, Editora LGE, p. 323.

Saia do caminho

Pergunta do público: "E seu sucesso com essa voz que sai pelo nariz, essa voz anasalada? Como é que você explica, Aracy?"

Aracy: "Cada um canta por onde pode, né, meu filho?"

Depoimento em *Mosaicos: a arte de Aracy de Almeida*, documentário dirigido por Nico Prado, com coordenação musical de Fernando Faro e produção de Fernando Abdo. TV Cultura, São Paulo, 2009.

OK?

"Cantar não é o meu forte, prefiro fazer teatro, humorismo".

Jornal do Brasil, Rio de Janeiro, 11/11/1981.

La vie en rose

"Cantei durante 45 minutos seguidos... começaram a gritar: "Piaf [Edith] Piaf" ... Eu tenho a impressão que eles me chamavam de Piaf pela minha velhice, né...? Mas não gosto destas lantejoulas. Sou Araca, não sou Piaf. Nem quero ser."

Revista *Manchete*, Rio de Janeiro, 16/04/1966.

Tão diferente de tudo
Paulinho da Viola analisa a voz de Aracy

"Emocionante ver Aracy cantando. E o que mais me toca é a afinação nessa região tão aguda e com timbre tão bonito, não é? Tão afinada, tão diferente de tudo..."

"Isso é uma coisa muito comum, a pessoa está acostumada com determinado timbre. Então, quando ouve uma coisa diferente... Tem aquela coisa de já rejeitar um pouco assim, né? Se sentir mal, não gostar de tudo. É um passo para dizer que não gosta. Todos podem desafinar ao cantar. Aracy, nunca."

"Entre tantas outras coisas do Noel que ela gravou, quase todos eram sambas de complexidade harmônica. Noel tinha muitos sambas que não eram para qualquer um, não."

"Emocionante ver Aracy cantando. E o que mais me toca é a afinação nessa região tão aguda e com timbre tão bonito, não é? Tão afinada, tão diferente de tudo... É muito emocionante."

Depoimentos de Paulinho da Viola em *Mosaicos: a arte de Aracy de Almeida*, documentário dirigido por Nico Prado, com coordenação musical de Fernando Faro e produção de Fernando Abdo. TV Cultura, São Paulo, 2009.

Drama

"Aracy não era exatamente uma cantora romântica, era uma cantora dramática. Ela tinha aquele choro na voz – ou ela adquiriu aquele choro na voz – que foi uma coisa diferente que ela incorporou."

Ruy Castro em *Mosaicos: a arte de Aracy de Almeida*, documentário dirigido por Nico Prado, com coordenação musical de Fernando Faro e produção de Fernando Abdo. TV Cultura, São Paulo, 2009.

EU NUNCA ME CASEI PORQUE O HOMEM DOS MEUS SONHOS

NASCEU MORTO, MINHA FILHA.

Antidesafinada

Pergunta: "Aracy de Almeida, você acha que desafina?"

Aracy: "Oh, meu filho, você que 'tá' desafinando, perguntando um negócio desses. Eu nunca desafinei, porque se eu desafinasse, meu filho, eu deixaria de cantar e nunca seria jurada na minha vida! Porque eu 'tô' condenando quem desafina... eu não desafino não, meu filho. Você é quem tá desafinando."

Pinduro-caio

Pergunta: "E esse negócio de discotheque? Como é que fica o tipo de música que você gosta de cantar e a disco music?"

Aracy: "Bom, primeiro lugar: eu não gosto de cantar, entendeu? Eu fui cantar por imitação. Eu vi uma outra cantora cantar e então eu fui cantar também. Agora, quanto à discotheque, acho algumas coisas boas. E no meu tempo tinha o charleston, entendeu? E tinha outras músicas também... O rock, essas danças... Sempre houve isso, qualquer dia vai ter outra dança! Discotheque vai passar, vai aparecer outra dança... A dança do pinduro-caio e minhocas mais. O tempo passa, meu filho. Ninguém fica jovem ou criança, todo mundo envelhece ou entra pelo cano."

Trechos do programa *Vox Populi*, TV Cultura, São Paulo, 1979. Criação de Roberto Muylaert e Carlos Queiróz Telles

Tchau

"Aí é que tá, cara. Perdi o interesse de gravar, de fazer tudo... O que eles tão fazendo agora, eu já fiz, né? Já dei a minha cota pra música brasileira, entendeu?"

Entrevista de Aracy de Almeida a Antônio Bivar para a revista *A-Z*, São Paulo, 1987.

Não deixa por menos

— Se não tenho gravado ultimamente, a culpada sou eu mesma. Sou muito preguiçosa. Dá muito trabalho selecionar músicas e eu tenho estado atarefada com outras ocupações. Tenho um contrato com a Philips, que de vez em quando chama a minha atenção para que eu grave e vou adiando.

— (...) Não é por saudosismo; mas só gravo música antiga, pois não estou aí para dar material para a turma do BDE, isto é, a turma da "Boca De Espera". São cantores que esperam os outros gravar e fazer sucesso, para gravar a mesma música.

— Dizem por aí que mudei de voz, que deixei de cantar pelo nariz. Acho que não é verdade e minha voz não mudou. O que aconteceu é que a técnica de gravação melhorou muito.

Revista do Rádio, 05/1959.

PAPAI NOEL ROSA

Sem a Vila Isabel existiria Noel Rosa? Sem Noel Rosa a Vila Isabel resistiria? Noel inventou o samba modernista nos anos 1930? Se Aracy não tivesse resgatado artisticamente Noel em uma série de programas para a Rádio Tupi do Rio de Janeiro (produzidos por Almirante) e uma sequência de discos lançados no início dos anos 1950, Noel teria sido espontaneamente recuperado pelo tempo? Mistérios.

Mas Aracy de Almeida talvez não existisse sem Noel Rosa, que pode e deve ser considerado seu mentor, seu tutor artístico, seu pai musical.
Quando dois malandros se ligam de verdade, não pode haver no mundo maior cumplicidade.

Ela atravessou fases em que tentava afastar a sombra de Noel de sua carreira, buscando anular o estigma de ser a intérprete quase oficial da obra do compositor que morrera em 1937, no princípio de sua trajetória como cantora. Mas "a voz do morto", como Caetano Veloso definiu o espectro ao mesmo tempo positivo e complicado de Noel sobre a vida de Aracy, não se afastaria nunca.

Ela sobreviveu ao encosto do espírito buliçoso dos sambas de Noel – mestre que a seguiu fiel, silencioso e mordaz por palcos, câmeras, entrevistas, silêncios, apitos. Feitiços da vida. Noel, a chama. Noel aracyzou-se. Aracy foi o click de Noel.

Aracy continua o botão de Rosa.

Aparição

"Eu só vivia em roda de samba, candomblé. Até que um dia Custódio Mesquita me levou para o rádio e, logo no primeiro momento, encontrei Noel, todo de branco."

Revista *Manchete*, Rio de Janeiro, 18/09/1971.

Tiete

"Apesar da minha pouca idade, achava Noel um fenômeno. Passei a andar atrás dele porque estava interessada em aparecer — quando você tem pouca idade acredita nessas besteiras. Ele pegava na viola e eu cantava, em casas suspeitas, atrás do Mangue, no baixo meretrício. Sua voz era fraca e ele estava a fim daquelas mulatas. Os dias em que convivi com Noel nesta terra foram dias muito engraçados."

Fala de Aracy extraída do livro *Dama do Encantado*, de João Antônio, Nova Alexandria, 1996.

Telúrica

Aracy de Almeida agarra o microfone e canta. A voz dela tem milênios de sofrimento e a alma do Noel Rosa. Depois ela xinga muito. Cada palavrão rola de sua boca! Apelido: Araca. Sua dramaticidade é telúrica. Comove além da emoção: já é instinto. Onde anda ela? Bossa nova abstrata acabou com a minha Araca? Às vezes ela tem jeito de moça de fábrica com toda a melancolia do samba "Três Apitos".

Jorge Mautner, em sua coluna "Bilhetes do Kaos", no Jornal *Última Hora*, em fevereiro de 1964.

Magrinho bacana

"Noel, eu achava que era um cara muito *bacano*, era um pouco grilado, cheio de transas e tal... mas o Noel pra mim foi muito bom, porque realmente, quando eu comecei, ninguém fazia fé em mim. Eu tinha saído do subúrbio, querendo cantar, querendo um lugar ao sol, e o Noel... me deu a mão e entregou um repertório muito grande a mim, porque as outras pessoas ficavam assim no mocó, não estavam querendo nada e tal, né?"

"Noel Rosa tinha mania de se vestir com um terno de uma flanela..., um negócio creme, e usava camisa azul-marinho, gravata branca e sapato branco. Ele era engraçado no modo de se vestir. Não era uma pessoa muito bonita, que realmente ele tinha um defeito no queixo, mas era um rapaz magrinho muito bacana, muito boêmio e muito inteligente."

Depoimento ao programa *MPB Especial* produzido por Fernando Faro, São Paulo, TV Cultura, 02/10/1972.

Primeira vaia

"Foi em 1934 talvez. Eu e Noel viemos para cantar "O Feitiço da Vila" e recebi a primeira vaia da minha vida. Pois ele botou o violão em um tom muito acima do meu. Não sei se era um concurso, não me lembro, eu não era nada ainda."

Jornal do Brasil, Rio de Janeiro, 11/11/1981.

Miss Boca do Lixo

"Eu convivi uns cinco anos com Noel. Era um compositor incompreendido, porque estava avançado para sua época, e suas letras não eram entendidas, nem aceitas."

"Eu morava na Rua Guilhermina e, mesmo minha mãe na bronca, ficava na rua até tarde. A gente saía para beber na Taberna da Glória, nos botequins da boca do lixo na Central... e eu ficava nessa até de manhã, quando Noel me levava pra casa. Eu curti muito a madrugada."

Revista *Fatos & Fotos*, Rio de Janeiro, 04/07/1976.

Bofes azedos

No convívio com Noel, Aracy forjaria o particularíssimo e expressivo dialeto com que se expressou pelo resto da vida, linguagem permeada de gírias e sintaxe recriada pela malandragem. Só amizade, Aracy? "É bom deixar dessas mumunhas e ficar claro que eu sempre fui uma mulatinha de bofes azedos, baixinha e que de bom só tinha a voz. Noel gostava de mim, no botequim. Pra cama ele só levava mulata grandona."

Trecho de texto do blog Burburinho (www.burburinho.com.br), de Rafael Lima, 2005.

Bicheiros e gente de bem

"Eu convivi não muito tempo com Noel, porque naquele tempo ele já estava ficando meio fraco, convivi uns seis anos só com Noel, queria ver se convivia cem, mas não deu pedal."

"Naquele tempo no Rio de Janeiro, ali na esquina da Avenida Rio Branco com a Galeria Cruzeiro, se reuniam os autores, compositores, *bookmakers*. O Café Nice era um lugar elegantíssimo, mas a gente que frequentava não era muito, onde tinha 'milita', *bookmaker*, bicheiro, compositor, cantores de toda qualidade, mas dentro daquilo também tinha gente bem."

Depoimento ao programa *MPB Especial* produzido por Fernando Faro, São Paulo, TV Cultura, 02/10/1972.

Voz sincera

Noel foi dos primeiros a perceber que Aracy era intérprete rara. Mais que rara, única. Não teve precursoras nem teria sucessoras. Jamais imitou e jamais conseguiriam imitá-la. Uma intuitiva, de ouvido duro e memória musical fraca (limitações diante das quais Noel muitas vezes perdeu a paciência). Tão logo aprendia e dominava uma canção, tornava-a definitivamente sua: (*Noel sabia disso, daí recuperar sempre a paciência perdida*). Cantora rara cujo traço mais marcante, além da voz naturalmente triste, pungente às vezes, é a sinceridade: impossível não acreditar em cada palavra, cada nota do que ela canta.

Texto do jornalista João Máximo no do encarte do LP *Os Ídolos do Rádio* – Volume 13, série da gravadora Collector's Editora, 1988.

Ninguém deixa cantar o que eu quero

Desabafo artístico (e quase manifesto por autonomia musical) escrito por Aracy de Almeida e publicado na imprensa carioca nos anos 1950.

O negócio é o seguinte... Não vou argumentar sobre Noel Rosa, porque esse negócio está muito manjado. Vou entrar direta no assunto! Desde 1934 que eu canto Noel Rosa, e naquele tempo a situação era diferente, porque ninguém pedia para se cantar música de Noel Rosa... Eu cantava, porque gostava, e eu me sentia bem cantando suas músicas. Naquele tempo eu gravava na Victor, e me lembro que seu diretor, Mister Evans, achava que as músicas de Noel eram anticomerciais, e aposto que isso vocês não sabiam... nunca se falou. Mas mesmo assim continuei gravando as músicas de Noel, e as de outros autores também.

Desde 1948 começou a "onda de Noel Rosa" no Rio de Janeiro... e eu, mesmo que gravando músicas de outros autores, não era bem compreendida pelo público, que achava que eu era a intérprete de Noel Rosa, e por isso só devia cantar músicas de Noel Rosa. Gravava músicas do Ary Barroso, como "Camisa amarela", que foi um dos meus grandes sucessos, e também o samba "Tenha pena de mim", de Ciro de Souza e Babaú, samba como "Saia do meu caminho", de Custódio Mesquita e Evaldo Rui. E até mesmo marchas carnavalescas, como "Passarinho do Relógio"... "O passo do Canguru"... "Não me diga adeus", samba de grande sucesso... e outras músicas que agora não me lembro. Mas, entretanto, o público esqueceu essas fuleragens que eu gravei e resolveu me denominar a INTÉRPRETE DE NOEL ROSA... e isto está se tornando um pouco "chato" pra mim. Eu explico pra vocês: É o seguinte: entro num bar (que bar, que nada; isso antigamente era botequim, no duro...), mas entro, mesmo que não vá lá para cantar, mas para bebericar o assunto, e tem sempre um que fala assim... "— Aracy, canta 'Feitiço da Vila' pra gente... Ou, então, outros já "baratinados" que gritam assim... "Aracy, canta agora o *Último desejo*. E ainda um outro lá no fundo que grita "Canta aquela do MANOEL ROSAS... "Palpite Infeliz"... Palpite infeliz foi o dele, que nem sabia o nome de Noel direito. Mas acontece que eu fiquei denominada "a maior intérprete de Noel", e outros bichos, e fico até constrangida e arrependida de ter entrado ali. Vejam vocês, que nem no rádio sou mais apresentada como a Aracy de Almeida, mais sim, da seguinte maneira... "aqui está a intérprete de Noel Rosa"... Ora, francamente, isso já está ficando um pouco maroto. Eu quero cantar todas as minhas músicas, cantar todos os autores. Preferia cantar uma música do meu eterno amiguinho Antônio Maria, como por exemplo:

Ontem faltou seu carinho
Eu não sei amor, por quê,
Chorei um lenço inteirinho
Com saudade de você...

Ou então aquela linda toada com versos do Rubem Braga e música do Bororó:

Canoa que vai pelo rio, e lagoa
Canoa que vai pelo mar
Me leva canoa no teu rumo à toa
Canoa que não vai voltar

Ou a do meu querido Fernando Lobo, aquele samba que ele me deu e que fala assim:

Desde ontem que eu não vejo meu amor
Minha saudade é grande
A minha dor maior
Poucas horas que parecem longos anos
Quanta monotonia traz esse desengano

Viram vocês que músicas lindas eu tenho no meu repertório? Mas, o que é que adianta isso... Ninguém me deixa cantar. Eu, francamente, preferia mil vezes cantar essas músicas, não que eu não goste das músicas do Noel, em absoluto, mas é que esse negócio já torrou um pouco, hein? E depois, todos me pedem sempre as mesmas músicas, que são em número de três. Ou seja, PALPITE INFELIZ... ÚLTIMO DESEJO... e FEITIÇO DA VILA. Estou até amedrontada, porque fui contratada MESMO, para cantar num bar chamado Cave, aqui em São Paulo, e já estou me coçando, porque sei que vai acontecer a mesma coisa. Por favor, minha gente, me deixa cantar as músicas dos outros. Sintam comigo, por favor, o meu desejo. Eu canto as músicas do Noel há 22 anos... Sabe lá o que é isso? Agora, peço uma coisa. Quando eu estiver num bar cantando, e você estiver lá "bebericando"... me deixa cantar as músicas do MEU repertório... Deixa seu PALPITE INFELIZ prá lá, este é o meu ÚLTIMO DESEJO, senão eu jogo um FEITIÇO NESSA VILA, hein? E com este trocadilho infame, termina a "beleza" deste bilhete.

O Semanário, Rio de Janeiro, ano I, n. 4, semana de 27 de abril a 2 de maio de 1956.

João Ninguém

A obra de Noel é repleta de tipos deslocados, meio *Lúmpen*, meio antissociais (ou pelo menos não de todo enquadrado na sociedade burguesa que o próprio Noel sempre olhou à distância). Desses tipos, "João Ninguém" é uma espécie de síntese. Um dos sambas favoritos de Aracy, que o gravou pelo menos duas vezes, foi por ela incluído no programa do dia 6 de maio de 1951. Ouça-se com atenção o que se quis dizer antes com "voz naturalmente triste". Ninguém é tão sinceramente pungente quanto Aracy "sentindo" e cantando versos de Noel.

Texto de João Máximo, no encarte LP *Os ídolos do Rádio*, volume XIII, gravadora Collector's, 1988.

Sardinhas na Lapa

"Quando fui cantar no rádio pela primeira vez, levada por Custódio Mesquita, ao passar na varanda da Educadora, vi Noel. Estava sentado e ali continuou. Não deu bola nenhuma pra mim. Quando terminei de cantar ao microfone ele se aproximou: 'Gostei muito, você cantou muito bem. De onde você é?' Fizemos logo uma boa camaradagem. Esperei que ele também cantasse pra não sair da boca. Quando terminou foi logo convidando: 'Vamos até a Taberna da Glória tomar umas cascatinhas?' Fui. Lá encontramos com uns amigos dele, uns malandros chapados. Ficamos lá até tarde. Noel então me trouxe em casa em um ônibus da Viação Brasil. Já eram mais de 4 horas da manhã quando chegamos ao Engenho de Dentro. Viemos a pé até o Encantado. Bateu na porta de casa e, quando mamãe abriu, ele falou: 'Vim trazer sua filha aqui'. Apresentei: 'Este é o Noel Rosa'. Nesta noite, ele marcou um ensaio para me dar algumas músicas. No dia seguinte, fui à casa de Noel. E daí em diante passei a conhecer com ele os piores lugares do Rio de Janeiro. No rádio, havia gente que franzia o nariz diante de nós. Éramos tidos como gente que não prestava. Noel não tinha então muito cartaz. Me lembro dele, um dia, vestindo uma capa minha, botando um chapéu meu e rebolando pela rua, implicando com todo mundo. Íamos sempre comer sardinhas na Lapa ou então seguíamos para um boteco na rua Comandante Maurity onde fazíamos chacrinha: eu, Noel, Baiaco, Germano Augusto, Kid Pepe, Brancura, Ismael Silva, Orestes Barbosa, Sílvio Caldas. Mas vamos botar as cartas na mesa: entre mim e Noel nunca houve coisa nenhuma."

<small>"Aracy de Almeida, mulher do futuro", de Alexandre B. de Souza e Leonardo S. Prado. Revista *Piauí*, edição 8, 05/2007.</small>

Noel: um *hippie*

Depoimentos da "crioulinha" Aracy sobre Noel Rosa, inseridos por Antônio Augusto Amaral de Carvalho (Tuta) e Nilton Travesso no programa Dois diretores em cena, *transmitido em novembro de 2013 pela rádio Jovem Pan (SP).*

"Ele já era sucesso, pois se ele já tinha... Na época em que eu encontrei ele, ele já tinha feito muita música de sucesso, como aquele samba 'Com que Roupa?', 'Eu Vou pra Vila', um samba um pouco desconhecido aqui porque devido ao tempo... Mas é um samba muito bom, ele tinha já tinha feito [*cantando*] '*pra esquecer aquele tempo em que você era pobre / eu vivia como um nobre lá no morro da Mangueira...*'. E tinha feito muita coisa boa, o Noel. O Noel Rosa era uma figurinha muito assim, muito querida, no meio... no nosso meio artístico, sabe? Ele tinha realmente feito muito sucesso. Quando eu encontrei ele, ele já era o Noel Rosa e eu não era nada! Eu era a 'crioulinha', o Chico Alves me botou o apelido de 'crioulinha'!"

"Ah, ele sempre foi *hippie* o Noel Rosa. Ele andava de branco, azul marinho, de branco com vermelho, sapato branco, meia preta. As cores assim, mais esquisitas! Ele chegava a botar um pé de meia de cada cor! O Noel Rosa era muito grilado, ele viveu... Ele foi um jovem realmente muito curtidor e muito grilado, desligado, ele não estava a fim mesmo de casar. Ele foi... O casamento do Noel foi quase forçado, não é? Forçaram as 'barra', sabe? Pra ele se casar... ele casou obrigado, porque, do modo geral, acho que ele nem gostava da Lindaura[4] e nem a Lindaura gostava dele. Ela parece que era uma moça que trabalhava naquela fábrica ali da América Fabril ali no Andaraí. Então ele pegou ela e tal, não sei se ela era menor, essas loucuras, mas não era um doidivano.

"Aracy de Almeida, mulher do futuro", de Alexandre B. de Souza e Leonardo S. Prado. Revista *Piauí*, edição 8, 05/2007.

[4] *Lindaura casou-se com Noel Rosa em 1934, grávida, aos 13 anos. Era dez anos mais nova que o compositor.*

1959: Denner, com 23 anos, desenha vestido para Aracy de Almeida. Ela foi a propulsora da trajetória do estilista, considerado o maior criador da moda brasileira nos anos 1960. Aracy investiu $$$ para que ele abrisse um ateliê de alta costura na Praça da República, centro de São Paulo. Depois continuou amiga e grande divulgadora de seu estilo. Em retribuição, Denner a vestiu com muitos modelos exclusivos. Foto: Folhapress

Maluco demais

"Quem acreditou em mim mesmo foi o Noel, que gostava desse meu gênio, me achava uma pessoa genial. Mas os outros não achavam, não. Entendeu? Aliás, o Noel tinha lá sua cuca bem fundida, sabe? Ele tava bom pra viver essa época agora, porque todo mundo tá louco. Ele era também muito maluco. Maluco demais, xingava as pessoas, botava apelido."

"Aracy de Almeida, mulher do futuro", de Alexandre B. de Souza e Leonardo S. Prado. Revista *Piauí*, edição 8, 05/2007.

Tudo doidão

"No dia que eu fui cantar na Taberna da Glória... tive a felicidade do Noel se agradar de mim. Eu era uma pilantrinha muito magra e ele disse: "olha, gostei muito da sua voz, *vamo* até a taberna e tal, tomar umas e outras", aqueles chopes gloriosos, né? Então eu fui pra lá com ele, ele se agradou de mim e me deu um samba: 'Sorriso de criança'... o primeiro que ele fez."

Hermínio Bello de Carvalho: Você acha que Noel hoje ainda estaria vivo musicalmente?

Aracy: "Não sei, sabe? Ele tinha tanta bossa que ainda estaria funcionando, né? Agora tem tantos remédios, né? Cada coisa!"

HBC: Noel Rosa era assim como você?

Aracy: "Era doidão, né? Doidão, doidão, era 'tudo doidão', mas era mesmo!"

Entrevista exibida no programa *Contra-luz*, TVE, 1987.

Nomes feios

Noel e Aracy conhecem-se no estúdio da PRB-7, Sociedade Rádio Educadora do Brasil, na Rua Senador Dantas, 82. A moça pobre, artista intuitiva, teve de esperar muito até lhe darem a chance de cantar naquele microfone. Passara a adolescência entre o coro da igreja e os blocos de rua do Encantado ao Engenho de Dentro. Queria mesmo cantar no rádio, tentou várias vezes – sem sucesso – um teste na Rádio Suburbana. Dizia para si mesma, com aquele seu jeito crítico que nunca perdera:

— "Se a Carmem Barbosa pode, por que não eu?"

Manuel, um violinista do bairro, gostava da voz dela. Era amigo de Custódio Mesquita, na época pianista de orquestra, já com conhecimento em várias estações de rádio. Foi graças a ele que ganhou um contrato na Educadora. A família, naturalmente, resistiu. A irmã do pastor Alcides cantando no rádio? Mas Renato Murce, sempre querendo dar oportunidade aos novos, foi até o Encantado e convenceu os Almeidas:

— "Eu me responsabilizo por ela."

Na primeira vez que Noel a vê, ela canta um dos últimos sucessos de Carmem Miranda. Não espera para serem apresentados.

— "Você tem jeito. Canta bem. Mas que tal aprender uns sambas novos e deixar pra lá o repertório de Carmem Miranda?"

Na mesma noite, vão à Taberna da Glória, cantam e bebem juntos. Noel apresenta-a aos malandros seus amigos, ensina-lhes sambas seus, entre os quais "Riso de Criança", o primeiro que gravará dele. Depois leva-a até a Central para que tome o trem de volta ao Encantado.

Ficam amigos. Muitas vezes voltarão a beber juntos, na Lapa, no Estácio, nos botequins da Barão de São Félix. A pedido dele, Aracy vai cantar para suas meninas no Mangue ou nas casas ainda mais baratas das imediações da Central. Ela não se importa. Conhece a vida, não tem os chiquês de Marília [Batista], faz o que quer, desde beber e fumar até jogar sinuca e cantar para as mulheres do Noel num prostíbulo de terceira categoria. Ficam realmente amigos, para todas as horas. Inclusive para que ela frequente o chalé, tome com ele uma sopa requentada de feijão no quartinho dos fundos, aprenda novos sambas. Dona Martha [mãe de Noel Rosa], de início, estranha a espontaneidade, o jeito de ser de Aracy.

— "Nunca vi uma mulher dizer tanto nome feio."

Noel Rosa: uma Biografia, de João Máximo e Carlos Didier, Editora LGE, p. 324.

"Os outros me achavam uma escurinha qualquer"

O escritor João Antônio (1937-1996), que em sua obra destacou malandros, marginais e personagens dos subúrbios, também foi grande admirador de Aracy – artista que o inspirou a escrever a biografia Dama do Encantado. *Aqui, ele observa o impacto na vida da amiga da chegada precoce de Noel Rosa – sobre quem também publicou um livro nos anos 1980.*

De memória invejável, quando sua parolagem remontava ao tempo de Noel, então, mais envolvia, devido aos detalhes e rasgos. Quando moça jogou sinuca, falou palavrão, acompanhou Noel em andanças pelos cantos por onde o poeta circulava e até pelo Mangue:

— "Apesar da minha pouca idade, achava Noel um fenômeno. Passei a andar atrás dele porque estava interessada em aparecer – quando você tem pouca idade acredita nessas besteiras. Ele pegava da viola e eu cantava, em casas suspeitas, atrás do Mangue, no baixo meretrício. Sua voz era fraca e ele estava a fim daquelas mulatas. Os dias em que convivi com Noel nesta terra foram dias muito engraçados."

— "Alguém escreveu por aí que eu exagero nas histórias que conto. Exagero coisa nenhuma, é tudo verdade. Conto o que é pra se contar. Tinha mais, é que não me deixam abrir o verbo. E essa coisa de Noel Rosa é preciso deixar claro que, se não fosse ele, eu não estaria aqui cantando. Só ele acreditou em mim, os outros me achavam uma escurinha que queria... Bem. Uma escurinha qualquer. E teve gente que disse até que eu desafinava, coisa que eu nunca consegui fazer em mais de 40 anos de profissão!"

Uma vez, lhe perguntaram, cara a cara:

— "Noel roubava música, Aracy?"

E Araca, pronta:

— "Ao contrário. Roubavam dele. Vi muito samba ser consertado pelo Noel e, se duvida, tem muito samba mesmo. Você está interessado na relação?"

Àqueles que achavam que ela foi reduzida, com os anos, a uma cantora que interpretava exclusivamente Noel Rosa:

— "Eu não me fixei em Noel e a prova disso é que cantei muitos outros grandes compositores, Caymmi, Ary Barroso, Joel e Gaúcho, Antônio Maria. A lista iria longe. Mandei pro alto sucessos carnavalescos que nada tinham a ver com Noel. Canto suas músicas mais por sentimentalismo, por gostar do que ele fez, do que para forçar o cartaz, como uns sabidinhos já escreveram e disseram por aí. Acresce, meu tio, a seguinte circunstância: eu estou fazendo um espetáculo, cantando numa boate, num teatro, e logo o público começa pedindo: canta o 'Feitiço da Vila', canta 'O X do Problema'. Manda os 'Três Apitos', canta a 'Conversa de Botequim'. Aí, eu vou lá e atendo. Pego o embalo e vou indo, indo, indo de Noel. Não tenho culpa, não, compadre."

Como se tem no país a mania das classificações, ela foi considerada uma das maiores, senão a maior, das intérpretes de Noel. E a sambista mais respeitada do país. Aceitava, e não, tudo isso e explicava que Noel foi o seu mestre na arte de cantar sambas. Ninguém poderia, por exemplo, cantar melhor 'Gago Apaixonado', obra-prima, do que ele próprio. Coisas assim. Mas o fato é que desde moça foi famosa nacionalmente. E houve lendas.

Dama do Encantado, de João Antônio, Nova Alexandria, São Paulo, 1996, recuperado pelo site www.releituras.com.

Confete

"Gosto muito do Chico (Buarque). Ele tem personalidade própria, é o único que tem uma genialidade parecida com a do Noel."

O Globo, Rio de Janeiro, 23/10/1971.

Explosiva

Uma gravação que já não sei se ouvíamos no gramofone ou no estéreo – pois havia alguns LPs de antiguidades brasileiras (e não brasileiras) no quarto de som –, mas que rivalizava com as melhores de Carmen, era "Camisa Amarela", de Ary Barroso, com Aracy de Almeida. Aracy, uma lenda então bem viva, era uma mulher explosiva e de jeito malandro de quem se dizia ter sido a intérprete favorita de Noel Rosa, o genial compositor de sambas carioca dos anos 1930 que morrera aos 26 anos deixando uma obra vasta e extraordinariamente complexa. De todo modo, Aracy tinha sido o veículo para o renascimento de seu prestígio nos anos 1950, quando Noel passou a ser considerado o maior compositor popular brasileiro de todos os tempos. Mas muitas interpretações do maravilhoso Sílvio Caldas, de Francisco Alves, de Carlos

Galhardo, de Augusto Calheiros e tantos outros coabitaram conosco na esquina da Ipiranga com a São Luís durante todo o ano que passamos vivendo ali.

Verdade tropical, de Caetano Veloso, Companhia das Letras, 1997, p. 269.

Queixo fajuto

"Era muito tímido, porque ele tinha um pequeno defeito no queixo. Não era um monstro, mas eu notava que o queixo dele era meio fajuto, sabe? Então, ele era tímido por essa coisa."

"Eu não fazia o tipo do Noel Rosa. Porque, além de eu ser muito jovem, naquela época, o Noel gostava de mulatas, e mulatas assim, com um metro e setenta, e aquelas 'mulata' tipo violão. Aquela coisa que o Sérgio Porto dizia, 'pra 400 talheres'. O Noel gostava muito de mulata grande, maior do que ele, inclusive pra dar até bolachada nele."

"O Noel, pra mim, eu achava que era um cara muito bacana. Era um pouco grilado, cheio de transas e tal, mas ele gostava de tomar umas 'birita', umas e outras. Mas o Noel, pra mim, foi muito bom, porque, realmente, quando eu comecei, ninguém fazia feio em mim."

Depoimentos de Aracy em *Mosaicos : a arte de Aracy de Almeida*, documentário dirigido por Nico Prado, com coordenação musical de Fernando Faro e produção de Fernando Abdo. TV Cultura, São Paulo, 2009.

Fã-clube

"Em Santo Amaro, Noel era o primeiro lugar lá em casa. Eu e todos os meus irmãos gostávamos muito. E eu e Caetano éramos fãs especialmente de suas coisas cantadas pela Aracy de Almeida... Mais tarde, fiquei até sua amiga."

Maria Bethânia, depoimento ao pesquisador e produtor Rodrigo Faour

Molambo

"Todo mundo sabia e comentava que ela era a grande intérprete de Noel. Foram muito amigos. Ela descrevendo o Noel é uma coisa engraçada. Dizia que ele não cuidava de nada, roupa. Que era assim, meio maloqueiro."

Fernando Faro em depoimento ao documentário *Mosaicos: a arte de Aracy de Almeida*, dirigido por Nico Prado, e produção de Fernando Abdo; TV Cultura, São Paulo, 2009.

Real grandeza

Ruy Castro: "Quando os cassinos fecharam e abriram suas primeiras boates no Rio, e a Aracy se tornou uma cantora das boates, ela começou a cantar o Noel. E no final dos anos 1940, ela gravou uma série de discos na Continental com repertório do Noel, que resultaram em dois álbuns de discos de 78 rotações, que depois foram transformados em LPs de dez polegadas, e com isso, as pessoas acordaram pra grandeza do Noel. Graças a Aracy."

Mosaicos: a arte de Aracy de Almeida, documentário dirigido por Nico Prado, com coordenação musical de Fernando Faro e produção de Fernando Abdo. TV Cultura, São Paulo, 2009.

Diante da Bagulhada

Pergunta: "Aracy, a música 'Último desejo' tem alguma coisa a ver com a morte de Noel Rosa?"

Aracy: "Não, essa música o Noel Rosa me deu dias antes dele morrer. Eu fui lá e ele estava de cama. Muito magro, com um pijama de flanela, muito amarelo. E ele disse: "eu fiz essa música pra você cantar". Foi a última música que o Noel me ensinou, ainda tocando no Violão. Foi o 'Último Desejo', em 1936."

Pergunta: "Aracy você acha que Noel Rosa está tendo o devido valor que deveria ter pela juventude atual?"

Aracy: "Ah, eu acho que não, né meu filho? Porque tem tanta coisa pra tirar da juventude, né? Tanta mumunha, as coisas, as mumunhas, as discotheque, as pirações, as bibiri... então ninguém vai pensar em Noel Rosa. Eles não se lembram de outros poetas, vão lembrar de Noel Rosa por quê? Não, Noel não está sendo considerado, não."

Apresentador: "O Noel era o tipo de homem que você gostaria?"

Aracy: "Não, realmente o Noel não fazia o meu gênero porque eu gostava muito, naquela época, de jogador de futebol, sabe?"

Apresentador: "Você acha que o Noel Rosa morreu cedo para o crescimento da música brasileira?"

Aracy: "Bem, acho o Noel Rosa morreu cedo aos 26 anos e deixou 200 músicas. Eu acho que se ele durasse mais, ao menos para mim e para outros cantores da época, seria o máximo! Porque na terra de cego, quem tem um olho é rei. Diante da bagulhada que anda por aí agora, onde tudo é motivo para fazer samba... Noel tinha inspiração, sabia fazer letra do tipo popular e de boa qualidade.

Trecho do programa *Vox Populi*, TV Cultura, São Paulo, 1979. Criação de Roberto Muylaert e Carlos Queiróz Telles.

Aracy de Almeida brilha na noite carioca em dois momentos importantes: na boate Vogue (início dos anos 1950, pág. à esq.), local em que era a musa de intelectuais, poetas, jornalistas e doidões. Essa casa noturna foi o local em que Aracy retomou a obra de Noel Rosa para públicos formadores de opinião. Na foto acima, de 1964, a alegria continuava nas mesas do Zicartola. (Há versões de que Aracy não estaria apenas sambando em pé nas cadeiras, mas literalmente tombando para trás. E viva a festa! E viva o samba!). Fotos acervo Hermínio Bello de Carvalho

A ÓPERA DA MALANDRA

Lições de como viver na fina flor da fuleiragem.

Alguns amigos da cidadã Aracy Telles de Almeida
Nilo Bom Cabelo
Saturnino
Zeca Meia-Noite
Miguelzinho da Lapa
Brancura
Madame Satã
Kid Pepe

Diagnóstico
Aracy de Almeida: "O malandro... o nome já tá dizendo: ele é mais malandro do que o cafajeste. Porque o cafajeste, é o seguinte, é uma pessoa que, por exemplo, vai numa festa, não se comporta bem, deixa cair as coisas, bebe e faz sujeira. Já o malandro não, o malandro fica só observando e tira de letra, entendeu? O malandro é mais fino do que o cafajeste".

Entrevista a Antonio Bivar para a revista *A-Z*, São Paulo, 1987.

Fabricar palavras
"O negócio da gíria é o seguinte: a turma que fabricava palavras era outra... Wilson Batista... Germano Augusto, Sílvio Caldas e muita gente mais. Agora é só gíria vulgar... Não aguento mais essa história de *eu estou na minha*. Ninguém está em nenhuma. Todo mundo repete o que ouve na televisão, por isso eu fui me afastando da gíria."

Revista *Manchete*, Rio de Janeiro, 18/09/1971.

De Di

Matusquela é maluco. Pela primeira sílaba você vê logo: matusquela. O Di Cavalcanti era um matusquela. Sempre adorou mulatas.

Revista *Manchete*. Rio de Janeiro, 16/04/1966.

Fuleira

Se Aracy dava voz ao sentimento feminino e era a intérprete ideal da sofisticação poética que Noel levou ao samba, ela também não descuidava da malandragem, que definia como "fuleiragem". Ela dizia: "Eu era uma xavante"., "Eu sou a maior fuleiragem que existe".

"Aracy de Almeida, mulher do futuro", de Alexandre B. de Souza e Leonardo S. Prado. Revista *Piauí*, edição 8, 05/2007.

Cara cheia

Pergunta: Quando jovem, você tinha problemas com os seus pais?

Aracy: Bem, muitos problemas. Porque nem a minha mãe nem o meu pai queriam que eu fosse cantar. De modo geral, comecei a cantar com a idade de 14, 15 anos... E chegava em casa sempre de cara cheia, com mais dois ou três amigos, também. E levava gente com cara cheia lá pra casa. Meus pais eram protestantes. Então levei muita bronca. Pra conseguir cantar, tive que sair de casa.

Trecho do programa *Vox Populi*, TV Cultura, São Paulo, 1979. Criação de Roberto Muylaert e Carlos Queiróz Telles.

Navalhas e bolachadas

"Olha, você sabe que, naquele tempo, pintava pouco essa coisa, sabe? O negócio era comer mesmo, sabe?"

"É que... O negócio é o seguinte: Wilson Batista era um cara malandro e tal. Então, Noel fez um samba pro Wilson: '*Meu chapéu do lado / Tamanco arrastando*'. Depois, o Wilson fez pro Noel. '*Lenço no pescoço...*' Pra meter medo no Noel, porque o Noel era muito fraco. Então, o Wilson Batista era um cara forte e tal. Noel tinha muito medo de malandro. O Zé Pretinho, de vez em quando, dava umas 'bolachada' nele. Um tal de Kid Pepe... E aí o Wilson fez '*Meu chapéu do lado / Tamanco arrastando / Lenço no pescoço / Navalha no bolso / Eu passo gingando / Provoco e desafio / Eu tenho orgulho / Em ser vadio*'. Aí o Noel fez esse outro samba pra ele: '*Deixa de arrastar o teu tamanco / Pois tamanco nunca foi sandália / Tira do pescoço o lenço branco / Compra sapato e gravata / Joga fora essa navalha que te atrapalha*'. Quer dizer, ficou assim nesse negócio."

Aracy de Almeida durante o show *Ao Vivo e à Vontade*, gravado em 1980 e lançado pela gravadora Continental.

Arrocho

"Uma vez, o Kid Pepe me encostou uma faca deste tamanho na barriga, querendo me obrigar a gravar uma batucada de autoria dele, chamada 'O que tem Iaiá'. Eu gravei, compadre, com a faca na barriga e tudo."

Fala de Aracy extraída do livro *Dama do Encantado*, de João Antônio, Nova Alexandria, p. 113, 1996.

O fino da malandragem

Assim surgiu, em 1938, "Tenha Pena de Mim" (samba de Ciro de Souza e Babaú), um dos maiores sucessos de Aracy:

Frequentadores do Café Nice faziam, vez por outra, incursões a um tal Clube da Malha, que ficava num barracão no alto do Morro de Mangueira. Lá bebiam e confraternizavam com os boêmios do lugar, formando animadas rodas de samba. Como nessas reuniões bebia-se muito, estava sempre a postos um rapaz, empregado da birosca que reabastecia o grupo. O tal rapaz – que se chamava Valdomiro José da Rocha, mas era conhecido como Babaú – tinha vocação musical e, um dia, aproveitando a presença dos visitantes, mostrou ao compositor Ciro de Souza um esboço de samba de sua autoria. Ao contrário do que acontece geralmente, o samba do principiante era muito bom: "Ai, Ai meu Deus / tenha pena de mim / (...) / trabalho não tenho nada / não saio do miserê / ai, ai meu Deus / isso é pra lá de sofrer...". Então, Ciro (segundo depoimento que realizou para o Arquivo da Cidade do Rio de Janeiro, em 09/08/84) deu uma ajeitada nos versos, acrescentou-lhe uma segunda parte e logo o samba do Babaú estava fazendo sucesso no carnaval, cantado por Aracy de Almeida. Tanto sucesso que até provocou um protesto de Sílvio Caldas, inconformado com o fato de Ciro de Souza ter entregue a música a Aracy. Uma curiosidade: o nome original do samba era "Ai, Ai Meu Deus", que foi substituído por "Tenha Pena de Mim" por recomendação da censura, que vetava a palavra "Deus" em títulos de canções.

A canção no tempo: 85 anos de músicas brasileiras, de Zuza Homem de Mello, Editora 34, 1998 (Vol. 1: 1901-1957), p. 205.

Final dos tempos
Pergunta: O que acha da madrugada?
Aracy: A madrugada no momento está muito pilantra. Muita falta de grana, é muita bebida fajuta, bebida... Ninguém tem grana pra pagar um negócio caro, todo mundo fica tomando batida, essa coisa. E no fim todo mundo fica com a cara cheia e tem nêgo aí até fazendo outras coisas. A madrugada não está mais dando pedal. Pra mim não serve mais. (...) Eu gosto muito da boemia, acho a boemia espetacular. Mas no momento... Aqueles boêmios antigos, aquela turma que tinha assim... jornalista, intelectual... Essa turma não tem mais. Agora só tem essa turma que só sabe doze palavras do dicionário.

Trecho do programa *Vox Populi*, TV Cultura, São Paulo, 1979. Criação de Roberto Muylaert e Carlos Queiróz Telles.

Imortal
"Agora que estou velha, da Vila Isabel guardo as melhores recordações da juventude... Naquela época, boêmio e cantor era o mesmo que mendigo e marginal. Se sobrevivi àqueles tempos, o futuro eu tiro de letra."

Em suplemento "Caderno de Bairro - Tijuca" do jornal *O Globo*, Rio de Janeiro, 03/05/1988.

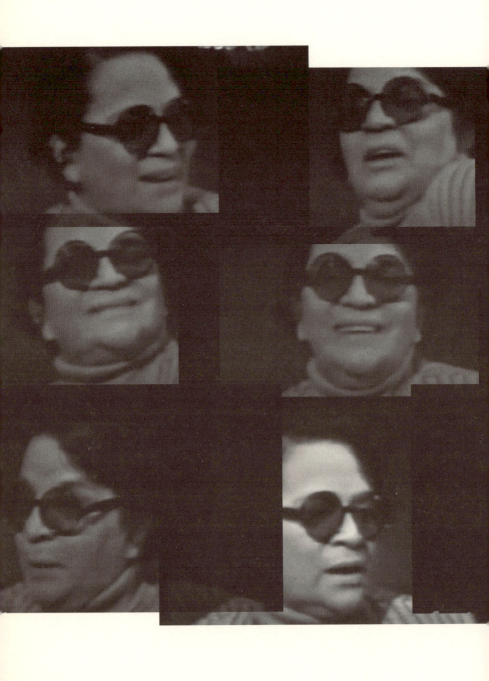

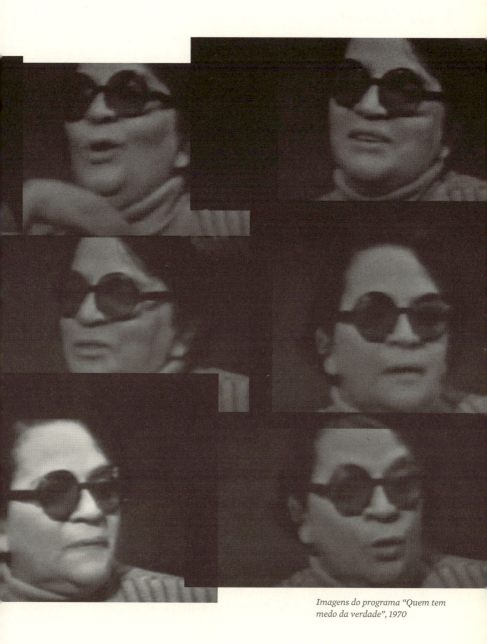

Imagens do programa "Quem tem medo da verdade", 1970

TIC-TAC

Aracy & Carmen Miranda eram grandes amigas – apesar de Noel não gostar da voz de Carmen e das desavenças ocorridas entre as duas "rivais" em bastidores de programas, no início da carreira de ambas.

E, mesmo durante a sua trajetória hollywoodiana nos Estados Unidos, Carmen continuaria ligada às lembranças de Aracy. Em sua última vinda ao Brasil (1954), Carmen foi recebida no aeroporto do Galeão pelo compositor e radialista Almirante. Em seguida, ela avistou a segunda pessoa que a esperava quase à porta do avião e gritou: "Aracy!". E caiu em prantos.

Babado

(...) da sala de Edmar Machado [diretor da Rádio Mayrink Veiga],

(...) o cantor Roberto Paiva ouviu a voz de Carmen aos gritos lá dentro:

"Edmar, você precisa tomar uma providência com essa Aracy de Almeida. Ela vive me importunando, se referindo a mim com palavras de baixo calão e tremendo o beiço por minha causa. Outro dia, me deu um esbarrão de propósito na escada que me desequilibrei e quebrei a unha!"

Chega de Saudade: a história e as histórias da Bossa Nova, de Ruy Castro, Companhia das Letras, 1990, p. 152.

Uma & outra

Roberto Paiva brinca sobre os atritos entre as duas cantoras da Rádio Mayrink Veiga:

"A diferença entre a Carmen e a Aracy é a mesma entre o Pão de Açúcar e o Morro dos Cabritos [*um morro com favela nos fundos de Copacabana*]. Carmen é o Pão de Açúcar..."

Chega de Saudade: a história e as histórias da Bossa Nova, de Ruy Castro, Companhia das Letras, 1990, pág. 152.

Porn

O repórter Darwin Brandão, em entrevista com Carmen Miranda para a revista "Manchete", 1954:

"Ao saber que Aracy de Almeida estava no Rio, vinda de São Paulo, Carmen mandou chamá-la, para que Aracy fosse atualizá-la com as últimas piadas e pornografias inventadas pelo povo."

A pinimba de Noel e Carmen

Depoimentos de Aracy editados por Antônio Augusto Amaral de Carvalho (Tuta) e Nilton Travesso para o programa Dois diretores em cena, *transmitido em novembro de 2013 pela rádio Jovem Pan (SP).*

Ele não gostava, por exemplo, do tipo... ele não gostava da Carmen Miranda. Tanto que ele não deu uma música pra ela, ele não gostava do tipo. O Noel Rosa era um cara muito brasileiro. Ele não gostava já na época daquele tipo de cantar samba da Carmen Miranda. Que muita gente, a maioria gostava, mas o Noel não gostava. Ela não gravou nada dele. Mas nada mesmo (1) . No 'entretanto', ela conviveu muito tempo na mesma emissora com ele, que era a Rádio Mayrink Veiga, hoje nem existe mais, mas ele não gostava nada do modo de cantar da Carmen Miranda e de outros... Da Aurora... Ele gostava de pessoas assim, que fosse, 'igual' a ele, assim, boêmio, que tivesse alguma coisa pra dar, sabe? Porque ele era muito esquisito, o Noel Rosa, e implicava muito sim."

(1) Ao contrario do que Aracy de Almeida diz, Carmen Miranda gravou três composições de Noel Rosa: "Assim, sim" (1932), parceria com F. Alves e Ismael Silva; "Retiro da Saudade" (1934), parceria com Antônio Nássara; "O que é que você fazia?" (1936), parceria com Hervé Cordovil. Segundo o historiador musical Abel Cardoso Júnior, em seu livro *Carmen Miranda: a Cantora do Brasil* (edição do autor, 1978), "Há hipóteses para o fato de Carmen não ter gravado mais composições de Noel. Segundo alguns, a excessiva liberdade de Carmen ao inovar cantando não agradaria a Noel, sempre cioso da exata interpretação de suas músicas. Segundo outros, o estilo de Noel não se casaria com o de Carmen. Ou, talvez, a boêmia de Noel, ambiente diverso da cantora, impedisse uma aproximação maior. Sem se esquecer que, durante um tempo, Noel esteve ligado com exclusividade a Francisco Alves. Na minha opinião, Noel nunca teve intérpretes preferidos. Sua preocupação era compor, apenas."

Fim

Aracy de Almeida fala sobre a morte de Carmen, ocorrida a 5 de agosto de 1955, em Beverly Hills. O corpo da cantora chegaria ao Rio uma semana depois.

"Sinto a morte de Carmen. Quase tanto quanto a morte do Chico [*Alves*]. Quatorze anos no estrangeiro trabalhando para morrer. Sinto. Fui amiga dela. Trabalhou muito pela música brasileira. Eu comecei com ela, agora este fim! A 'velha guarda' está acabando. Primeiro, o grande Chico, depois Garoto, ontem a Carmen. Sinto isso – Carmen sair daqui viva e voltar embalsamada."

Carmen Miranda – vida – glória – amor e morte, de Queiroz Junior , Companhia Brasileira de Artes Gráficas, 1956.

"VOCÊ TEM MUITO INIMIGO, ARY BARROSO!"

Aracy & Ary: afinal, eles se detestavam ou se admiravam muito? Viveram entre tapas e beijos. Embora ele sempre tenha considerado a gravação dela para "Camisa Amarela" o melhor registro fonográfico de toda a sua obra de compositor.

Ary, eu nunca lhe pichei!
Bilhete de Aracy para Ary, publicado em O Semanário, *para esclarecer intrigas e fofocas que as revistas espalhavam sobre entrevero dos dois.*

Numa das minhas idas ao Rio de Janeiro, aliás, para ser bem exata na última, fui ao Bar Vilarino, onde se achava o glorioso filho de Ubá (M.G.), na minha opinião o maior compositor popular do Brasil, que é o próprio Ary Barroso.

O Ary, enquanto me dava de beber um bom uísque, foi dizendo à queima-roupa, com aquela voz estridente e implicante que Deus lhe deu: "Aracy, por que é que você me pichou?".

Ary, meu amiguinho, meu amiguinho meu velho amiguinho (velho não experimentado), queridinho, eu nunca lhe pichei, meu bem! Quem começou com essa história de piche pra lá e piche pra cá não fui eu! Você tem muito inimigo, Ary Barroso! Você torce demais pelo Flamengo! Vai ver que foi algum vascaíno fanático. Note bem que eu escrevi vascaíno e não vascaína, senão você ia logo dizer que era eu.

Ary Barroso, nós sofremos juntos, no rádio e em prol do rádio. Você ainda se recorda de quando era pianista, na velha Rádio Philips, e eu uma inocente cantora? O nosso encantador Vicente Celestino, que está aqui em São Paulo e assiste à redação deste bilhete, afirma que você e eu continuamos sendo queridíssimos, e, se o Vicente Celestino, que é a voz do povo, portanto, a voz de Deus, afirma isto, nós somos os "Queridos do Universo".

Apesar de eu não ser a sua cantora favorita e de ter gravado desde a mais tenra idade poucas coisas suas, ainda me lembro muito bem de quando você entrou no Bola Preta, no Carnaval de 1939, e me deu aquele formidável "Camisa Amarela"! Aí, você acreditou um pouco mais em mim, e por isso deve continuar acreditando, porque o sucesso de "Camisa Amarela" ainda perdura. Uma prova disso é que ele figura no meu novo "long-playing" de sucessos antigos, a sair brevemente. Portanto, acredite também agora que eu sou incapaz de pichar você! Tenho grande ternura por você, Aryzinho! Gosto imenso das suas inocentes anedotas e daquela sua gargalhada! Ih! Ih! Ih!

Aryzinho, para terminar com estas juras de amizade, eu lhe digo: oxalá você navegue serenamente com novas ondas (radiofônicas) desse mar (Nacional) nunca dantes por você navegado, que você trabalhe de fato e bem, e com o seu vago--simpático no lugar.

E, com esta declaração pública, acho que a nossa pseudo querela terá terminado. Aryzinho, eu adoro você!

O Semanário, Rio de Janeiro, ano I, n. 17, semana de 26 de julho a 02 de agosto de 1956.

Aquarela

Aracy foi escolhida por Ary Barroso para lançar "Aquarela do Brasil", uma canção que se tornaria emblemática para a música popular brasileira. Mas ela não gravou. Culpa do gringo cabeça-dura que dirigia a gravadora Victor, selo em que era contratada.

E quem gravaria "Aquarela do Brasil"? O jornalista, compositor e amigo de Ary Barroso, David Nasser, escreveu na revista O Cruzeiro, em abril de 1956 – quando Ary ainda estava vivo, podendo desmentir, portanto –, que o desejo do autor era entregar o samba a Aracy de Almeida. Fazia sentido, porque ele era um grande admirador da cantora (foi dela a primeira contratação que pedira para a Rádio Tupi) e passou a apreciá-la ainda mais depois da gravação de "Camisa Amarela". É verdade que, após a gravação de Francisco

Alves, seria difícil imaginar "Aquarela do Brasil" na voz malandra e deliciosamente fanhosa de Aracy de Almeida. Mas David Nasser tinha mais detalhes: o samba foi oferecido pela cantora a Mister Evans, diretor da gravadora Victor, que, segundo o cantor Ciro Monteiro, era um sujeito tão antipático que falava com os cantores populares com um lenço na boca, certamente, com medo de algum contágio. Contou David:
"Mister Evans parecia surdo para o samba".
— Música de negros, feita de negros para negros.

Naquela tarde, Aracy de Almeida e este meu amigo entraram no modesto estúdio da Rua do Mercado, onde as músicas eram gravadas ao odor de peixe, misturada com a buzina dos automóveis e barulho de bondes.
— Mister Evans, trago um samba novo.
Ele tirou uma cachimbada, impassível.
— Um novo samba de Ary Barroso, Mister Evans.
Outra cachimbada em silêncio.
— É uma beleza, *(falando baixo)* gringo de uma figa.
Cachimbo. Fumaça. Silêncio.
— Acontece, Mister Evans, que o Ary não admite que o samba seja gravado por um conjunto regional.
Silêncio quebrado:
— Pode falar Ary: eu gravar sua samba com regional ou não grava sua samba.
— Vou telefonar para o Ary. Não creio que aceite.
Aracy telefona e Ary recusa.
— Mister Evans, sem orquestra, ele nega seu consentimento.
— Grava, então, outra samba, dona.
Aracy gravou outro: "Mundo mal dividido", de Rubens Soares. Espiei curiosamente para o título do samba renegado. Na caligrafia irregular do autor, estes dizeres: "Aquarela do Brasil", música e letra de Ary Barroso".

Se David Nasser deu todos os dados corretamente (um, pelo menos, não está correto. Quem conheceu Aracy de Almeida sabe que ela jamais diria "gringo de uma figa". Seria, no mínimo "gringo filho da puta"), "Aquarela do Brasil" foi composto no princípio do ano, pois Aracy gravou "Mundo mal dividido" em março.

No Tempo de Ary Barroso, de Sergio Cabral, Lumiar, 1993, p. 180-181.

Afinação

Apresentador: "Parece que o Ary Barroso várias vezes se referiu a você como uma cantora desafinada."

Aracy: "Como? O Ary Barroso não. Impossível, porque gravei uma música dele, "Camisa amarela" (...). Eu não desafino, em hipótese alguma, ele não poderia ter dito isso. Agora, naquele tempo também tinha muita gente desafinada... mas eu era conhecida como afinada! Eu nunca desafinei em nada! Quem inventou esse troço foi o Jacob do Bandolim em uma ocasião de gozação, ele escreveu no *Última Hora* que eu era a cantora mais desafinada da paróquia, no entretanto, você sabe que eu não desafino. Pode perguntar a um maestro aí qualquer."

Trecho do programa *Vox Populi*, TV Cultura, São Paulo, 1979. Criação de Roberto Muylaert e Carlos Queiróz Telles.

De quinta

Aracy adulterou a letra de Ary: colocou um copo de cachaça a mais em "Camisa Amarela".

Na revista *O Cruzeiro*, que batia recordes com mais de 800 mil exemplares vendidos por semana, o crítico Ary Vasconcelos elogiou, particularmente, a interpretação de "Camisa Amarela, pedindo atenção especial para o trecho em que Ary cantava o verso "o meu mulato estava ruim de fato". Nessa versão, por sinal, o mulato do samba bebia menos do que na gravação de Aracy de Almeida. Enquanto esta se reportava ao "quinto copo de cachaça", Ary cantou o "quarto copo de cachaça".

No *Tempo de Ary Barroso*, de Sergio Cabral, Lumiar, 1993, p. 358.

Mosaical

Aracy fala sobre artistas da sua geração e das gerações posteriores:

"O Ary Barroso era um compositor muito célebre da época e não gostava da minha voz. Ele achava que eu era uma pessoa muito fanhosa e que era muito temperamental, que tinha um gênio esquisito, que tinha um vocabulário que eu só falava 'calão' e outras minhocas mais da época. Então, ele tinha uma guerrinha particular contra mim, só dava realmente músicas para quem achava com uma voz maviosa, como a Dircinha Batista, a Linda Batista e outras lá daquela época lá de 1500, antes do sesquicentenário. Mas eu sou atual, estou na minha, sou griladona, estou cheia de transas e tal."

"Num carnaval de 1939, num botequim que tem lá no Rio... Café Nice... o Ary deixou um bilhetinho: "Olha, Aracy, você pode comparecer lá no Bola Preta? Eu tenho uma música pra você". ... Eu estava fantasiada. Imagine você que naquele tempo eu me fantasiava de caubói. Já viu um negócio desse? ... Ary Barroso disse: "Olha, Aracy, fiz essa música pra você, vou dar pra você". Ele tinha música como bagulho, então, como estava um pouco de cara cheia, resolveu me dar essa música ("Camisa Amarela")."

Mosaicos: a arte de Aracy de Almeida, documentário dirigido por Nico Prado, com coordenação musical de Fernando Faro e produção de Fernando Abdo; TV Cultura, São Paulo, 2009.

Michou

Pergunta de um pintor em um ateliê: "Será que morreu dentro de nós um Ary Barroso, o Custódio Mesquita, o Lamartine, enfim... Tanta gente que viveu com a gente tanto tempo, ou será que eles estão vivos dentro de nós?"

Aracy: "Eu não estou manjando quem é, e você tá muito assim que eu não tô te manjando. Eu acho que ninguém tá vivo, a gente morreu, meu filho, acabou. Michou o aparelho, então eu não vivo de saudade, eu vivo no presente e acho que agora tá tudo certo. Até o ano 2000 vamos ver o bicho que vai dar. Eu tenho saudade das melodias do Ary Barroso, mas também o Ary Barroso era um grande chato. Bebia, incomodava, bebia dentro do trem, e também tinha gente chata naquela época. Estamos conversados."

Trecho do programa *Vox Populi*, TV Cultura, São Paulo, 1979. Criação de Roberto Muylaert e Carlos Queiróz Telles.

ARACY QUE ERA MULHER DE VERDADE

Quase ninguém sabe: Aracy foi quem lançou o tema, o germe, o cerne, o miolo de "Ai que saudades de Amélia", uma das mais representativas composições do cancioneiro popular brasileiro do século 20, parceria de Ataulfo Alves com o ator Mário Lago.

Foi ela?

Aracy: "O Mário Lago fica doido de raiva quando eu digo, mas a ideia da *Amélia* fui eu quem deu. Um dia, sugeri uma frase, 'Amélia é que era mulher de verdade', ao Wilson Batista. Ele disse que andava sem tempo para compor e então o Ataulfo, que estava perto, pediu a frase para o Mário e o samba foi feito. Tem mais. Dou até o local onde aconteceu: na Leiteria Nevada, ali na rua Bittencourt da Silva."

Depoimento em *Mosaicos: a arte de Aracy de Almeida*, documentário dirigido por Nico Prado, com coordenação musical de Fernando Faro e produção de Fernando Abdo. TV Cultura, São Paulo, 1977.

Foi o irmão?

"Ai Que Saudades da Amélia" tem três personagens: o protagonista, sua mulher e Amélia, a mulher que ele perdeu. O tema é um confronto dos defeitos da mulher atual com as qualidades da mulher anterior. A atual, a quem o protagonista se dirige, é exigente, egoísta, "Só pensa em luxo e riqueza", enquanto a anterior é um exemplo de virtude e resignação – "Amélia não tinha a menor vaidade, (...) achava bonito não ter o que comer...". Em suma, a primeira é o presente, a realidade incontestável; a segunda é o passado, uma saudade idealizada na figura da mulher perfeita, pelos padrões da época.

Este primoroso poema popular, coloquial espontâneo, escrito por Mário Lago, recebeu de Ataulfo Alves uma de suas melhores melodias, que expressa musicalmente o espírito da letra. E o paradoxal é que não sendo carnavalesco, este samba fez estrondoso sucesso no carnaval. Segundo Mário Lago, "Amélia nasceu de uma brincadeira de Almeidinha, irmão de Aracy de Almeida, que sempre que se falava em mulher costumava brincar – 'Qual nada, Amélia é que era mulher de verdade. Lavava, passava, cozinhava...'."

Acervo Hermínio Bello de Carvalho

Então, Mário achou que aquilo dava samba e fez a letra inicial de "Ai Que Saudades da Amélia". Brincadeiras à parte, a verdade é que a Amélia do Almeidinha existiu e, possivelmente, ainda vivia à época da canção. Era uma antiga lavadeira que serviu à sua família. Morava no subúrbio do Encantado (Zona Norte do Rio) e trabalhava para sustentar uma prole de nove ou dez crianças. Com a letra pronta, Mário pediu a Ataulfo Alves para musicá-la. O compositor executou a tarefa, mas alterou algumas palavras e aumentou o número de versos de doze para quatorze. "Isso é natural" – comentava Ataulfo, em depoimento para o MIS do Rio de Janeiro, em 17/11/1965 – "as composições dos parceiros que são letristas sofrem influência minha, que sou autor de letra e música".

A canção no tempo: 85 anos de músicas brasileiras, de Zuza Homem de Mello, Editora 34, 1998 (Vol. 1: 1901-1957).

AVE, MARIA

Jornalista, cronista, letrista, compositor, boêmio profissional e figura notável das rodas etílicas da Zona Sul carioca dos anos 1950, Antônio Maria foi dos maiores parceiros de Aracy. Os dois se adoravam, como mostra a crônica a seguir.

Filha de pastor protestante, sabe de cor alguns trechos da Bíblia. Numa mesa de bar, em pausa de conversa, quando menos se espera, lá vem a tirada: "Vendo, então, Jacob, que havia mantimento no Egito, disse a seus filhos: – "Por que estais olhando uns para os outros?" E reforça, para que não duvidem da citação: "isto é do Livro do Gênesis, capítulo 42". Em menina, quando lhe pediram para cantar na igreja, fez apenas esta pergunta: "e dinheirinho, como é?" Gosta imensamente de três coisas: pintura, tango argentino e cinema. Seu pintor preferido é Clóvis Graciano, cujos quadros estão em todas as paredes de sua casa, em São Francisco Xavier[5]. Morre de amores por quatro ou cinco amigos e, ao seu lado, sente o maior desprezo pelo resto da humanidade. Se entra num bar e os surpreende com uma namorada, a moça pode ser um anjo saindo do Sacré Coeur, Aracy fecha a cara e, antes do *boa noite* ou de *como vai*, grita da porta: "Estamos conversados. Enquanto você estiver com essa vigarista, não fale comigo".

Em São Paulo, numa época de ternura com Maurício Barroso[6], encontrou-o, certa vez, num bar com uma moça de sociedade. Meio sem jeito, temendo os ciúmes de Aracy, Maurício disse somente: "Alô, Aracy"... naquela hora, num grito do coração, celebrizou esta frase: "Não sou mulher de Alô!". Quando gosta do próximo, é de uma generosidade nunca vista. Este cronista, se não soubesse evitar os seus rasgos de prodigalidade, seria dono, hoje, de todos os quadros de sua casa, máquinas de escrever e dezenas de isqueiros. Guarda, porém, algumas de suas fotografias, com dedicatórias assim: "Ao meu poeta, com o bem-querer da infeliz Aracy de Almeida – "Poeta Maria, não brigue com o meu Lobo. Aracy de Almeida" – "Meu Maria, quando eu morrer, escreva uma coisa pra mim, dizendo que ficou com sauda-

[5] *Pequeno bairro de classe média na Zona Norte do Rio de Janeiro.*

[6] *Ator do TBC e cunhado da cantora e apresentadora Inezita Barroso.*

des. Aracy de Almeida". Num chaveiro de ouro, presente de aniversário, mandou gravar: "Maria, se eu morresse amanhã, deixaria esta lembrança para você".

Não é bonita, sabe disso e não luta contra isso. Não usa, no rosto, batom, ruge ou qualquer coisa, que não seja água e sabão. Ultimamente corta o cabelo de um jeito que a torna muito parecida com Castro Alves. Seus vestidos são simples, mas, sempre de muito boa qualidade. Orgulha-se da beleza de seu busto e, quando surge qualquer dúvida, não faz a menor questão de exibi-lo, esteja onde estiver. Entende, tanto quanto um clínico, de achaques e doenças. Está a par de todos os remédios e repete fórmulas inteirinhas, com os nomes intrincados das drogas e as dosagens decimais de cada um. Gasta por mês dois mil cruzeiros num exame médico rigorosíssimo. À noite, anuncia na mesa do bar: "a titia, hoje, abriu a máquina e fez uma revisão geral. Não está vazando, nem queimando óleo". Bebe uísque puro, com gelo. Depois do segundo, fica muito terna e diz umas coisas de sua alma, que surpreendem pela doçura.

Só anda de automóvel, mas não pensa em comprar o seu carro. Serve-se do táxi do Inglês (chofer de São Francisco Xavier) a quem paga de 500 a 600 cruzeiros por dia. É uma verdadeira fábrica de gíria e não conversa meia hora, sem dizer matusquela, micho, argolo, vivaldina (em relação a ela mesma – pessoa esperta, viva), alacantréa, de araque etc. É uma esplêndida cozinheira, sendo de sua especialidade um feijão que ela chama *poroto*, três maneiras de preparar galinha e umas empadas de camarão, cuja massa é um segredo de morte.

Aos domingos, depois do futebol, vou à sua casa, onde me esperam: um banho quente, um jantar, uma cama com um ventilador ligado em cima e uma vitrola tocando tangos. Quando telefonam ou chega gente, diz que não estou e fica falando: "meu Maria, coitado, precisa descansar, porque ele é doido e trabalha muito". Em casa, usa os trajes mais estranhos e engraçados. É comum a gente encontrá-la com um calção e uma camisa sem manga do companheiro, um boné na cabeça, sapatos de tênis.

Atualmente, Aracy está em São Paulo. Deixou a rádio carioca e, sem dar entrevistas (é contra qualquer fantasia publicitária, gostando de valer pelo que é), foi ser exclusiva da Rádio Record. Confessa que está cansada de cantar, embora esteja cantando melhor do que nunca. Faz de cada música um caso pessoal e entrega-se às canções do seu repertório como quem se dá a um destino. Não sabe chorar e não se lembra de quando chorou pela última vez. Mas a cota de amargura que traz no coração extravasa nos versos tristes de Noel: "quem é que já sofreu mais do que eu? Quem é que já me viu chorar? Sofrer foi o prazer que Deus me deu"... e vai por aí, sem saber para onde, ao frio da noite, na espera de cada sol, quando o sono chega, dá-lhe a mão e a leva para casa.

Pernoite: crônicas, Antônio Maria, Marins Fontes/Funarte, 1989, p. 14-16.

Lar, doce lar

"Antônio Maria... foi muito amigo meu, escreveu muitas crônicas oferecidas a mim, ele me adorava, achava que eu tinha uma personalidade muito forte... Hoje em dia, se eu tenho uma casa, eu agradeço a Antônio Maria, porque ele dizia: "Olha Aracy, nós temos que fazer uma casa grande que é pra gente morar quando ficar velho". Então, eu fui no golpe do Antônio Maria e escolhi o subúrbio onde eu moro, lá no Encantado, fiz a casa.

Depoimento dado ao programa *MPB Especial*, produzido por Fernando Faro, São Paulo: TV Cultura, 02/10/1972.

#BOSSARACYNOVA

Bim bom

A onda da Bossa Nova no final dos anos 1950 deu um baque na ala mais tradicional da MPB, vinda do rádio. Pororoca de linguagens: de um lado, os adventos modernos da batida do violão de João Gilberto, a televisão, Brasília, rock, transviados, desafinados, atrevidos; do outro lado, os figurões radiofônicos, guardiões da canção mais tradicional, do vozeirão, do repertório choroso e sincopado por tristezas. No final, deu tudo certo e os dois lados se casaram e tiveram muitos filhos musicais. Mas Aracy de Almeida gostava e desgostava da Bossa Nova. Mordia e assoprava, dizia e desdizia. No final, viraram amigos para sempre. E pronto. Obalalá.

Samba de uma nota só
Outra coisa que é necessário explicar é que gosto de bossa nova. Sou de outro tempo, mas gosto desse ritmo. Só que ele não é tão moderno assim, pois já existia anteriormente e apenas puseram nele um "babado" diferente.
Revista do Rádio, 05/1959.

Bomba na goela: desafio de Aracy de Almeida à Bossa Nova
— Diga-nos, em primeiro lugar, a diferença entre bossa nova e bossa velha. Qual é?
— Para mim, tudo é a mesma coisa. Mas eu lanço um desafio aos entusiastas da bossa nova. Quero que me provem que as músicas mais antigas não tinham mais consistência, não eram mais românticas e mais positivas. As dos tempos de agora não perdurarão.
— O que mais prejudica, então, a música atual?
— A inflação atingiu também a música. Dessa forma, o que temos é uma inflação de compositores e de músicas. Coisas boas e muita coisa ruim aparecem quase diariamente.
— Qual a música da sua preferência?
— Prefiro o samba ritmado, tal como existia antigamente. Dele a cantora tira o melhor proveito.
— Qual a música que você mais gosta de cantar?
— É o samba de Noel Rosa e Vadico, "Feitio de Oração".
— Dois compositores de hoje poderiam manter duelo como Noel e Wilson Batista, com músicas tão boas?
— Sim, Antônio Carlos Jobim e Vinícius de Moraes. Se os dois "brigassem", muita coisa boa iria sair. Aliás, esses dois e mais Ronaldo Bôscoli e Roberto Menescal são os melhores da bossa nova.

— Já gravou bossa nova?

— Gravei quatro músicas em um disco de 45 rotações. Dessas, uma delas fez sucesso. Foi o samba "E Daí", de Miguel Gustavo. Samba que mais tarde foi regravado por Isaura Garcia e outros cantores.

— Qual o plano para o futuro?

— Jamais eu fiz planos para o futuro. Sei que encerrando essa temporada no Top[7], irei para outra na boate Oásis, de São Paulo.

Assim finalizou Aracy de Almeida, que todos chamam de autêntica. Tão autêntica, aliás, que durante essa entrevista, em pleno Top, não quis outra bebida, senão o que chamou de "bomba" (cachaça com limão...).

Revista do Rádio, Rio de Janeiro, 13/04/1963.

[7] *Top Club, boate carioca.*

Na lata

"Com microfone e recursos eletrônicos, essa turma da bossa nova agrada. Eu quero ver é sem eles".

Aracy no *Estado de Minas*, Belo Horizonte, 23/02/1984.

Aracy de Almeida e o escritor, poeta e historiador Hermínio Bello de Carvalho. Ela o chamava de "Belo Hermínio". Fotografia acervo H.B.C.

VIVA VOZ

O morto é Noel Rosa. Aracy reclamava a amigos sobre o peso do compositor em sua vida. Em shows, ela era compreendida pelo público quase como a projeção do compositor que fora seu propulsor na década de 1930.

O cantor Edy Star diz ter ouvido Aracy falando que "não aguentava mais carregar a alça do caixão de Noel". Ao mesmo tempo, ela foi a chama viva desse culto, a continuadora da sabedoria do poeta de Vila Isabel.

E, no final dos anos 1960, Caetano Veloso fez "A Voz do Morto" especialmente para Aracy. Pouco depois de gravada, a composição foi proibida pela censura da ditadura. E virou um brado: "eu sou terrível / eu sou o samba". Era o morto em viva voz.

A Voz do Morto

Estamos aqui no tablado
Feito de ouro e prata
E filó de nylon
Eles querem salvar as glórias nacionais
As glórias nacionais, coitados
Ninguém me salva
Ninguém me engana
Eu sou alegre
Eu sou contente
Eu sou cigana
Eu sou terrível
Eu sou o samba
A voz do morto
Os pés do torto
O cais do porto
A vez do louco
A paz do mundo
Na Glória!
Eu canto com o mundo que roda
Eu e o Paulinho da Viola
Viva o Paulinho da Viola!
Eu canto com o mundo que roda
Mesmo do lado de fora
Mesmo que eu não cante agora
Ninguém me atende
Ninguém me chama
Mas ninguém me prende
Ninguém me engana
Eu sou valente
Eu sou o samba
A voz do morto
Atrás do muro
A vez de tudo
A paz do mundo
Na Glória!

Caetano Veloso, 1968

Tétrica

"Era uma música muito difícil chamada 'A Voz do Morto', era um negócio meio tétrico, um negócio tipo Béla Lugosi, sabe? Um negócio para cantar em castelo misterioso. É isso aí."

Trecho do depoimento de Aracy no programa *Vox Populi*, TV Cultura, São Paulo, 1979. Criação de Roberto Muylaert e Carlos Queiróz Telles.

Entrou na minha

"Eu trabalhei numa emissora... chegada a negócio de festival. Uma música minha foi desclassificada e era uma música muito boa, 'O Samba da Vida', de Miguel Gustavo... Então, pra gozação eu cheguei perto do Caetano e disse: "Caetano, vamos fazer uma música de gozação daquele festival, porque afinal de contas festival é aquilo que a gente sabe, só ganha o que não serve e realmente só ganha o que não é popular". Então o Caetano entrou na minha, eu entrei na dele e o Caetano resolveu fazer essa música 'A Voz do Morto'."

Depoimento dado ao programa *MPB Especial* produzido por Fernando Faro, São Paulo, TV Cultura, 02/10/1972.

Atenta & forte

Aracy era uma grande figura, uma das mulheres mais fortes que já conheci, tive o prazer de fazer para ela a música "A Voz do Morto", que ela gravou em 1968. Ela deixou para todos nós as músicas de Noel, que sabia interpretar como ninguém, e "Camisa Amarela", de Ary Barroso.

Caetano Veloso, jornal *Última Hora*, 22/06/1988.

Elétrica

Em 1968, a pedido da própria Aracy, Caetano Veloso compôs uma música para ela, "A Voz do Morto". Ela a gravou, num compacto simples, para a Bienal do Samba de São Paulo daquele ano. O morto, claro, era Noel Rosa. Não se sabe por que, a música foi proibida pela censura e ficou praticamente desconhecida. Mas ela ainda a cantava no ano seguinte, no show *Que maravilha!*, com Jorge Ben e Paulinho da Viola. Aracy gostava daquela turma nova. Eles a adoravam.

<small>"Aracy de Almeida, mulher do futuro", de Alexandre B. de Souza e Leonardo S. Prado. Revista *Piauí*, edição 8, 05/2007.</small>

CACHORRADAS

Ela nunca negou que preferia a companhia dos cães a pessoas.

Cachorros da cidadã Aracy Telles de Almeida
Gorda
Feijão
Bill
Mundica
Baixinha
Bela Lola
Miudinha
Dona Micas
Samantha
Amiga
Escurinha

Oi?
Certa vez foi abordada por uma admiradora: "A senhora não se lembra de mim?" – ela não se lembrava. A mulher contou que era mãe de uma menina que Aracy adorava, pegava no colo – e a resposta fulmina fatidicamente a abordagem: "Ih, minha senhora, deve haver um engano. Eu gosto mesmo é de cachorro. Odeio criança."

Araca: arquiduquesa do Encantado - um perfil de Aracy de Almeida, de Hermínio Bello de Carvalho, Edições Folha Seca, 2004, p. 12.

Né?
"Na outra encarnação, eu devo ter sido cachorro. Porque ainda não conheci no mundo quem gostasse mais de cachorro do que eu. Sério, compadre. Flor e cachorro é comigo mesmo. Imagina que eu cuido, lá no Encantado, do Feijão, da Bela Lola (uma homenagem que eu fiz a um filme de Sarita Montiel), da Gorda e da Mundica. A Mundica, não desfazendo das outras, é minha grande considerada. Mas o fato é que eu já criei muito cachorro e pretendo criar muitos ainda."

Revista *Realidade*, São Paulo, 10/1968.

Tá?
"Jamais dei importância a dinheiro. Por causa disso não tenho fortuna, embora esteja muito bem de vida. Eu gosto mesmo é de cachorro... Tenho uma cadela que vive com todo conforto, dormindo em edredon e comendo filé."

Revista *do Rádio*, Rio de Janeiro, 13/04/1963.

OK?

Mulher pergunta: "O que você faz nas suas horas vagas?"
Aracy: "Ah, minha filha, eu não tenho horas vagas. Eu tenho um monte de cachorro, né? Samantha, Bill, Escurinha, Baixinha... E então eu tenho que tratar daqueles cachorros, eu tenho pouco tempo porque eu faço outros negócios, eu trabalho em outros lugares e sou muito procurada. Eu sou uma enciclopédia da música popular brasileira. Me fazem perguntas o dia todo; um quer a letra, outro quer outra coisa. Então tenho muito serviço. Não tenho tempo pra me coçar, minha filha."

Trecho do programa *Vox Populi*, TV Cultura, São Paulo, 1979. Criação de Roberto Muylaert e Carlos Queiróz Telles.

Ui

"Veja: eu moro longe, tenho os meus cachorrinhos de estimação e não preciso me aborrecer para trabalhar. Já enjoei de cantar e tem mais: o ambiente não ajuda e, no momento, o mingau anda grosso."

Fala de Aracy extraída do livro *Dama do Encantado*, de João Antônio, Nova Alexandria, 1996.

Fotos: entradas de Aracy de Almeida
no programa de Sílvio Santos,
década de 1980

MAMA MIA

Busto, mamas e mamilos: os dois predicados físicos mais elogiados de Araca foram seus formosos seios juvenis.

E que ela exibiu em outras situações nem tão "juvenis".

Musa dos cafajestes

Agora que você já passou uma noite no Vogue, vamos entrar no Cadillac de Antônio Maria, um conversível preto, e completar o percurso. Vamos dar uma volta pela noite de Copacabana dos anos 50, com cuidado apenas para não bater de frente com a Turma dos Cafajestes, um bando de aviadores da Panair e jovens ricos desocupados.

Eles davam festas com doentes mentais enjaulados no meio do salão, enviavam caixas com excrementos para aniversariantes, invadiam enterros fazendo algazarra e brigavam, brigavam por qualquer coisa. O jornalista Ibrahim Sued, o compositor Paulinho Soledade, o empresário Carlinhos Niemeyer: todos cafajestes. Maria tinha amigos na turma e os achava simpáticos. Uma vez, numa festa, fizeram o concurso dos seios mais bonitos. Todas as moças tiraram a blusa e mostraram os dotes. Ganhou, parece que com méritos, a surpreendente Aracy de Almeida, que de Araca nessa modalidade não tinha nada.

Antônio Maria: noites de Copacabana, de Joaquim Ferreira dos Santos, 4a edição, Relume Dumará, 1996, p. 53.

Peitoril

Ruy Castro: "Aracy não era uma mulher bonita, era uma mulher feia pra burro, realmente. Mas ela tinha um trunfo secreto, que de vez em quando ela apresentava quando era desafiada a isso. Se alguém fizesse alguma referência a ela como sendo uma mulher feia, ela dizia: 'É, eu sou feia, mas meus peitinhos são bonitos'. Levantava a blusa e mostrava um par de peitinhos pra ninguém botar defeito."

Mosaicos: a arte de Aracy de Almeida, documentário dirigido por Nico Prado, com coordenação musical de Fernando Faro e produção de Fernando Abdo; TV Cultura, São Paulo, 2009.

A DAMA DO CHICOTE

Sopapos. Bolachadas. Deboche. Ironia. Encontrões. Safanões. Bate-boca. Pito. Arranca-rabo. Meter bronca. Descer o pau. Esculhambar. Zoar. Bagunçar o coreto. Arrasar. Anarquizar. Estraçalhar. Enfrentar. Provocar. Alterar. A leonina Aracy de Almeida não tinha medo. Escreveu, não leu, o pau comeu.

Avenida Ipiranga

"Eu era recém-casado. Um dia toca a campainha do apartamento. Era a Aracy de Almeida, dizendo: 'Paulo, eu estou com muita angústia, não queria ficar no hotel. Posso ficar na sua casa dois ou três dias?'. Peço para Emy [Emma Gelfi Bonfim, esposa de Paulo] tirar as crianças do quarto, ela se instalou. Foi ficando. Voltava das boates de madrugada, fazia interurbanos intermináveis para a boate Vogue, no Rio de Janeiro, conversava com Vinicius de Moraes, o Antônio Maria, até o amanhecer. Eu estava começando na vida e tinha de pagar contas de telefone astronômicas. Quase três meses depois, trouxe uma arara que ganhou de presente da boate Jangada. Quando tentei falar alguma coisa, ela cortou: 'Eu não respondo pela arara.' Levou o bicho para o quarto, ele comeu meus móveis, não aguentei e expulsei a ave. E ela: 'Em solidariedade à arara, também me retiro'. Mas ela foi a mulher que melhor conhecia a Bíblia que vi em toda minha vida – e também a que sabia mais palavrões."

Depoimento do escritor e poeta Paulo Bonfim ao historiador e jornalista Jorge Caldeira. Trecho do texto "Um rolê com Paulo Bonfim", publicado no caderno Ilustríssima, *Folha de S. Paulo*, 19/01/2014.

Calma ou calmo?

Um gosto de despedida. O chalé transformado em retiro, Noel ausenta-se cada vez mais do mundo lá fora. Armênio Mesquita Veiga aparece para dizer-lhe que acaba de ouvir Aracy de Almeida cantando "Último Desejo". Sim, no rádio. Noel não sabia.

— Mas ela nem aprendeu o samba direito – espanta-se.

Armênio havia notado. Basta dizer que em vez de "Mas meu último desejo..." ela cantou "Pois meu último desejo..." E em lugar de "que o meu lar é o botequim" ela diz "que o meu

lar é um botequim...". Pode parecer a mesma coisa, mas não é.
— Juro que nunca mais dou música minha para ela gravar.
Uma zanga que dura pouco. Noel gosta de Aracy. Como cantora e como gente. Tirando esses escorregões, que fabulosa intérprete ela é! Inclusive cantando "Último Desejo". Armênio recorda quando serviu de mediador numa discussão entre Noel e Aracy, faz tempo. Noel ensinava a ela a letra de "O maior castigo que eu te dou", samba de dois anos atrás, primeiros tempos de um romance ainda cheio de vida, o antirromântico Noel dirigindo-se à jovem dançarina Ceci:

"Não há ninguém mais calmo do que eu sou./ Nem há maior prazer do que te ver me provocar."

Pois Aracy teimava em querer cantar "não há ninguém mais calma do que eu sou". Afinal, argumentava, era uma mulher.

— Este "calmo" aí, depois do "ninguém", não varia, Aracy.
— Não interessa! Não vou cantar como se fosse homem.
– Mas é "calmo", Aracy — insistia Noel já irritado.
— Calma!
— Calmo!

Foi então que um amigo em comum chegou. Ao ver a discussão esquentar, achou melhor fazer-se de apaziguador. Explicou a Aracy que Noel estava certo, o "ninguém" não significando alguém específico, nem homem, nem mulher. Neste caso, sendo um pronome indefinido, o certo era mesmo "calmo". Aracy não ficou muito convencida.

Noel Rosa: uma biografia, de João Máximo e Carlos Didier. Editora UNB, 1990,pp. 452-453.

Faíscas

Linda Batista era, até os anos 1950, cantora de grande prestígio, milionária, amiga de Getúlio Vargas e ex-namorada de Orson Welles. Linda foi farrista, desbocada e, claro, muito próxima de Aracy – com quem costumava sair e tomar todas. Mas, certa vez, na boate Vogue, então o ponto-chave da noite carioca, as duas estavam, digamos, um tanto altas. Como registrou o jornalista Joaquim Ferreira dos Santos em sua biografia do cantor Antonio Maria (Antônio Maria: noites de Copacabana, Relume Dumará, 1996): elas "se pegam pelos cabelos e começam, por motivos que a História não registrou, a se estapear no meio do salão". A confusão deu o que falar e repercutiu por muitos anos. Em 1986, quando entrevistou Aracy para seu programa na TV Bandeirantes (São Paulo), a jornalista Marília Gabriela quis saber da célebre briga com a cantora Linda Batista.

Marília Gabriela: "... Uma história de Vogue, que você cantou na boate Vogue, que era..."

Aracy: "Dez anos!"

MG: "o máximo, que tinha Linda Batista e Nora Ney, que você deu umas... taponas na... Linda"

A: "É, mas pois é... Ela tinha um pouco... É o seguinte: tinha um trio onde estava o Booker Pittman, que era o pai da..."

MG: "Da Eliana Pittman."

A: "... pai de araque da Eliana Pittman, né...? E tinha lá o Claude Austin, que tocava piano, e o Louis Cole, um trio americano. Então eles me acompanharam com aquelas músicas do Noel divinas..."

MG: "O quê que você cantava? Canta aí o pedacinho de uma."

A: "Ah, filha, eu tô, né, na pior... Olha, eu cantava aquelas músicas todas do Noel, tinha uma que eu cantava bastante, que tinha muito pedido, era..." [começa a cantar "Feitiço da Vila"]

MG: "Na pior nada, olha o vozeirão aí."
A: "Agora o quê que você quer saber mais?"
MG: "Quero saber da tua história aí, você estava contando..."
A: "Ela tinha um bom repertório."
MG: "A Linda Batista?"
A: "Tinha. Então a gente cantava músicas de carnaval... Por exemplo: eu escolhia umas dez ou vinte músicas do Noel, comecei a regravar a própria música que eu já tinha gravado, e aquilo fez sucesso. Vendeu muito disco. E a Linda ficava um pouco na bronca, sabe? Mas era boa camarada, sabe? A gente entornava um pouco. E aquilo de bêbado não tem dono, né?"
MG: "Você bebia um bocado?"
A: "Eu já bebi muito na vida."
MG: "Hoje você não bebe mais?"
A: "Não posso. Há vinte anos que não bebo. Comecei a ficar com gastrite e coisas. Mas tomava bebida, né? Eu tinha uma coisa: eu bebia, mas o fino. Só tomava uísque escocês, vinhos estrangeiros, aquelas coisas..."
MG: "Champanhe?"
A: "Champanhe. E foi no tempo do Ibrahim Sued, que inventou aquele negócio da champanhota. Fui muito grã--fina, agora que estou grossa por aí."

Entrevista com Marília Gabriela, TV Bandeirantes, 1986.

Grrrr

Aracy tinha verdadeira adoração pelo amigo Noel. E ciúmes. Em 1970, a cantora paulistana Isaurinha Garcia (1923-1993) decidiu lançar um disco com músicas de Noel. Aracy não gostou nada da história. "Isaurinha anda dando em cima do meu repertório", disse Aracy, em uma entrevista ao jornalista Eustáquio Trindade, prometendo tirar satisfações com a cantora. E assim o fez, na primeira oportunidade.

Trecho do texto "O dia em que Aracy cantou no Lira", de Danilo Casaletti, publicado no blog Lira Paulistana e a Vanguarda Paulista. Disponível em http://www.vanguarda-paulista.com.br/o-dia-em-que-aracy-cantou-lira.

1) "Qual é o tom, porra?"

No palco do teatro Lira Paulistana, naquele que seria seu último show como cantora, Aracy se aborreceu várias vezes com o grupo de chorinho contratado para acompanhá-la.

"É... a nota é sol!"

"Sol. Lá."

"Qual é o tom, porra?!"

"Eu sei o samba, mas qual é o tom?"

"Qual é? Que letra você tem? Não, não é esse tom."

"Não, é esse tom, sim."

"Escuta aí, meu filho."

"Não, não posso começar a prejudicar a... 'sinfônica' de vocês! O negócio é o seguinte: perdi o palpite, infeliz."

"Não, eu não sei qual é o tom maior. Qual é o tom, afinal? É maior ou menor?"

"Eles cantam e eu entro depois."

"Tá muito baixo, hein? Tá baixo. Tá muito baixo."

2) "As boca"

"Olha, dá aquele maldito em sol."

"De leve, de leve."
"Ah, esse aí é... Não tem tradução."
"Aí me sai... Saiu do meu tom, sabe? Sabe por que, é que não tem retorno esse negócio aqui no meu ouvido. Então, eu tô... sem retorno."
"Muito baixo, tá muito baixo."
"Você não conhece essa música."
"Vou cantar só um pedacinho."
"Bem, agora com 'permisso', eu vou me arrancar das boca."

Dois registros de Aracy durante o show *Ao Vivo e à Vontade*, gravado em 1980, lançado em disco pela gravadora Continental e reeditado em CD (2014).

Zorras

"O Assis Valente, sabe cumé, não era muito meu camarada, não gostava da minha voz nem da minha personalidade. Afinal de contas, era uma garota que vinha do subúrbio e estava querendo entrar numas zorras que não ia dar pedal mesmo. Mas eu tinha alguns amigos no meio. Por exemplo, Custódio Mesquita me deu um dos melhores sambas daquela época. Foi em 1944... "Saia do Meu Caminho"."

Depoimento dado ao programa *MPB Especial*, produzido por Fernando Faro, São Paulo, TV Cultura, 02/10/1972.

Berdamerda

Pena que um grande samba escalado para o filme *Alô, alô, Carnaval!* não tenha sido nem filmado, porque a cantora, também com justiça, se rebelou: "Palpite infeliz", de Noel Rosa, que Aracy de Almeida, 21 anos, de lenço na cabeça e vestidinho chinfrim, cantaria lavando e esfregando roupa num tanque. Não um tanque estilizado, cheio de quinas aerodinâmicas, mas o próprio tanque de cimento do estúdio, usado pelas lavadeiras de São Cristovão. A ideia fora do próprio Noel. Ao saber que o filme lhe reservava (e só a ela) esse cenário tão deprimente, a jovem Aracy, para irritação de Noel, conferenciou com Francisco Alves sobre a atitude a tomar. Estimulada por Chico, Aracy mostrou que já era uma mulher sobre a qual não restava a menor dúvida.

Chamou os presentes à parte e declarou:

"Com todo respeito, vão todos à merda e à berdamerda, o Noel inclusive. Eu me escafedo."

E se escafedeu.

Chega de Saudade: a história e as histórias da Bossa Nova, de Ruy Castro, Companhia das Letras, 1990, pp. 128-129.

"Ela me deu um piche".

Sérgio Cabral – "Como foi seu problema com Aracy de Almeida?"

Martinho da Vila — "A Aracy de Almeida, por exemplo, de quem eu gostava muito, achava bacana, e não gostaria nunca de ter um atrito assim com ela, porque ela esteve sempre do meu lado. Esse tipo de gente quando vê que estamos numa posição igual a deles, aproveita para dar uma marretada, porque pensa que é só para eles a crista da onda, um endeusamento, é só para dez aí, então fazem oposição quando vem mais um. Ela me deu um piche e disse que eu precisava de freio, para não superar Noel Rosa."

Entrevista ao semanário *O Pasquim*, 1969, com Martinho da Vila (conduzida pelo historiador Sérgio Cabral), incluída na compilação "O Som do Pasquim", Editora Desiderata, 2008, p. 115, organização de Tárik de Souza.

O "botão" de Clara Nunes

A noite prometia. Denner ficara de nos apanhar no velho Hotel Normandie, onde estávamos hospedados Linda Batista, Clara Nunes, Araca e eu. Poderia citar outros hóspedes, como Vicente Celestino, por exemplo. Mas ele não caberia nesta história, a não ser pela voz poderosa, igual à de Araca, que prescindia de microfones. Microfones e gravadores houvessem naquele dia e provavelmente teríamos o registro de um dos encontros mais emocionantes que já presenciei em minha vida.

Fui dar um beijo em minha Linda e, claro!, tomar um uisquinho, tarefa dolorosa para a qual exigi a presença de Clarinha e Araca. A *sorveção* do néctar escocês provocou baixa nas reservas dos tonéis da Escócia, mas elevou a pressão emotiva de Linda e Araca – que começaram a terçar tangos de Gardel, boleros de Augustin Lara – nada, enfim, que pudessem as palavras descrever com eficiência a emoção que naqueles poucos metros quadrados transbordou.

A portaria avisou que o luxuoso Cadillac de Denner já estava à porta, e Clara, sem ser convidada, resolve aderir ao grupo. Linda, prostrada, derreara. Araca possuía um arsenal de armas letais pra essas horas, quando assumia o trono de seu império, ali ameaçado pela figura jovem, bonita, de cabeleira farta – Clara tinha exuberância natural, a tal luz que não é fornecida pela Light. Já à porta do carro, a frase fatal: *"Clarinha, meu amor, vê se dá uma desbastada nessa juba ou bota uma peruquinha pra sair com a gente"*. O dardo untado de curare atingiu em cheio o alvo. Clara jamais consultou o "Dictionaire dês injures" e não sabia manipular palavras de baixo calão com a mesma destreza de Araca, que as tinha armazenadas sob a língua. Gaguejante, puta da vida, soltou sua meia porção:

– Aracy, vai tomar no seu... no seu... no seu... botão!

Deu meia volta-volver, talvez sem escutar aquele *"Eu adoro a Clarinha"*, e fomos pra nossa esbórnia – onde Araca, é obvio, aprontaria outras poucas e boas.

Araca: *arquiduquesa do encantado - um perfil de Aracy de Almeida*, de Hermínio Bello de Carvalho, Edições Folha Seca, p.28, 2004.

Fotos: registros diversos da internet

NÃO SAIO DO MISERÊ

Aracy foi artista rica? Saiba porque sim e porque não.

$$$$$$$
— Considera-se uma cantora de granfinos ou do público pobre?

— Eu canto para todos os que querem me ouvir. Porém, em tantos anos como cantora, jamais fiz tanto sucesso, como agora, cantando no Top Club, apresentando-me para o que os cronistas chamam de *society*. Cheguei à conclusão que o granfino gosta mais das interpretações dos artistas. E para eles eu posso me exibir como realmente sou. No dia que quero, cantando até sem sapatos: o *society* não olha pra isso. O que quer é ouvir as músicas que canto.

Revista do Rádio, Rio de Janeiro, 13/04/1963.

Viver de direitos artísticos de discos? Pois sim...
Texto especial que Aracy escreveu para o jornal carioca O Semanário

Hoje vou tratar de um assunto um tanto maroto, é o que se refere ao direito artístico do cantor ou o chamado *royalty*, desconhecido por grande parte do público comprador de discos. Trato disso porque muitos amigos frequentemente me dizem: – "Aracy, o seu disco 'Feitiço da Vila' ou seu Long-Play das músicas do Noel, ou o 'Se eu morresse amanhã de manhã', do Antonio Maria, deve ter vendido horrores e você deve ter se enchido da gaita". Eu ia aguentando o galho, mas como não quero levar fama sem proveito vou botar tudo mais ou menos em pratos limpos, ao contrário do que fazem certos cantores que soltam o bafo dizendo: – "Ah, meu disco tal está vendendo milhões e com direito artístico já comprei um apartamento". Ou então – "No momento estou tirando sessenta mil cruzeiros mensais de disco". E outro, para não ficar pra trás, saca logo por cima deste – "Eu, no último trimestre, fiz trezentos mil cruzeiros!!!" Mas eu vou contar, desde o princípio, essa onda do direito artístico do cantor, para mostrar que não é possível ganhar tanto em tão pouco tempo, principalmente tendo em vista a pequena percentagem que representa esse direito artístico.

Em 1937, quando o disco custava dez ou doze mil réis, o cantor recebia quatrocentos réis por disco vendido, ou seja, 4% de direito artístico. O preço do disco foi subindo, subindo, subindo, passou para quinze, vinte, vinte e cinco, até os cinquenta cruzeiros que é o preço atual. Muito bem. O direito artístico não acompanhou o ritmo dessa subida de preço, tanto que, hoje em dia, o cantor recebe no máximo Cr$ 1,60 [*um cruzeiro e sessenta centavos*] por disco vendido, ou seja, 3,2%, tendo o direito artístico, portanto, diminuído. Isto para os que recebem Cr$ 1,60, porque muitos há que recebem Cr$ 1,0 ou Cr$ 0,80 por disco, ou seja, 2% ou 1,6%.

Por aí se vê que o cantor não pode comprar grande coisa com seus direitos artísticos. Além do mais, foge inteiramente ao seu controle no número de discos vendidos, pois que a fábrica gravadora, no fim do mês ou do trimestre, mostra-lhe um papel demonstrativo da vendagem dos discos e dá-lhe uma ordem para apanhar com o caixa a sua fulêra porcentagem.

Não contando o fenômeno do choro "Delicado", gravado em disco Continental pelo Waldyr Azevedo e que, parece-me, vendeu para mais de 500.000 discos, é raríssimo o disco, no Brasil, que chega a 100.000. Nos Estados Unidos, é comum a vendagem de um disco chegar a meio milhão, fazendo, um só, a independência do cantor. Conta-se que Bing Crosby tornou-se sócio da Decca com a gravação do fox "Please", em 1932. Também há lá vitrola por todo canto, é rara a casa que não tem, enquanto que no Brasil vitrola é artigo de luxo.

Há muitas outras razões por que o disco nacional não é muito comprado. Uma delas é a sua má distribuição pelas cidades do Brasil. Quantas e quantas vezes nas minhas viagens pelas mais variadas cidades verde-amarelas do Norte e do Sul eu verifiquei não serem encontrados, nem nunca terem estado lá, nas casas de discos locais, muitos dos discos de autênticos sucessos meus e de colegas meus, apesar da intensa procura. O "grosso" da distribuição é feito no Rio e em São Paulo, mal chegando a Niterói... Três discos para uma loja, 10 para outra, etc. Se o disco for sucesso e a loja de discos importante, às vezes encomenda 50 de uma vez... Há um medo terrível em pedir um pequeno excesso de discos – medo de encalhe nas prateleiras. O sucesso musical brasileiro é fugaz, é como água de colônia barata, não tem persistência. Assim não vai, não é?

Outra razão, e muito importante, da diminuta vendagem do disco nacional, é que, por razões de língua, não há interesse na sua importação por terra nenhuma. Em nenhum lugar, a não ser em Portugal, fala-se a nossa língua, e lá mesmo quem é rei é o fado, samba não tem vez. Já o disco americano não, ele é comprado no mundo inteiro e por excelência no Brasil, porque aqui quase todo o cara "charla" inglês...

Agora, outra coisa que muita gente não sabe. Para a maioria das fábricas, só há interesse verdadeiramente comercial na gravação de discos das matrizes importadas, porque já vêm prontas, é só botar na prensa. Essas matrizes entram pela alfândega por mais ou menos quinhentos cruzeiros, isto é, ao preço do peso do cobre, e às vezes, bem, é mesmo de contrabando... De beiço... É só prensar, tudo é lucro. Enquanto que, para gravar um disco nacional desde o princípio, pagando músicas a Cr$ 400,00 [*quatrocentos cruzeiros*], maestro, orquestração, técnicos; gravadores; assistentes, etc., etc. há de estalo uma despesa obrigatória de

Cr$ 15.000,00 [*quinze mil cruzeiros*] ou mais por gravação de disco. Por aí se vê o sacrifício que é feito pelas fábricas Copacabana e Continental, esta última onde eu funciono e da qual é querido diretor o meu patrão Dr. Sávio Silveira, que não trabalham com matrizes importadas – só prensam discos gravados no Brasil. É patriótico, mas é duro...

Depois dessas explicações todas, nuas e cruas, já sei que alguns amigos meus ainda vão duvidar e dizer que eu estou escondendo jogo, que o meu pé de meia está "tiba" de direitos artísticos. Mas eu que tente viver dos direitos artísticos dos meus discos e não enfrente diariamente a pedreira de um microfone ou de um auditório de rádio para defender meus trocadinhos... Pois sim...

Nota: – Este bilhete já estava rabiscado quanto tive a grata notícia, dada pelo meu querido João de Barro, Diretor Artístico da Continental Discos, de que o meu direito artístico sofrera um aumento. Continuo, porém, afirmando que dele não posso viver.

Jornal *O Semanário*, Rio de Janeiro, 21/02/1957.

A banca da distinta

"Eu tinha bronca de ser pobre. Agora não sou rica, mas consegui ter muita coisa que queria ter e realmente não estou querendo nada. Na verdade queria mesmo era não ser mais tão conhecida, como fiquei, de repente. E mais: quando eu era só cantora, era mais respeitada."

Revista *Manchete*, Rio de Janeiro, 18/09/1971.

Filosofia de barnabé

Em 1952, Aracy disse à *Revista do Rádio*: "Não gosto de viajar. Por isto não fico rica, pois o que dá mais dinheiro no rádio são as excursões. Não acredito no dia de amanhã, vivo no presente. Gosto de assistir e atuar em televisão. Não gosto de rádio. Meu ideal era ser funcionária pública, para ter horário de trabalhar, pois em rádio não se tem horário. Por isto é que digo: os barnabés é que são felizes".

"Aracy de Almeida, mulher do futuro", de Alexandre B. de Souza e Leonardo S. Prado. Revista *Piauí*, edição 8, 05/2007.

O negócio é cantar

Pergunta: Como é que você passou tão rapidamente de hino protestante para um samba suburbano do Noel?

Aracy: Meu negócio era cantar, meu negócio era arrumar uma grana. E pra arrumar a grana eu tinha que cantar alguma coisa. Eu tentei tudo. O que deu certo foi cantar samba.

Trecho do programa *Vox Populi*, TV Cultura, São Paulo, 1979. Criação de Roberto Muylaert e Carlos Queiróz Telles.

Estamos conversados

Tocava o telefone. Um empresário, do lado de lá do fio, a convidava para receber uma homenagem. Ela deveria cantar, inclusive.

— Homenagem me dá muito trabalho, meu filho. Eu ando cansada. Imagine só: eu passei a manhã inteira cuidando do jardim, tive de tirar tanta terra de lá pra cá e você me vem com essa história de homenagem... Hein, e quanto vocês me pagam para cantar?

Vem a resposta.

— O quê? Olha aqui, meu filho, quem canta de graça é galo!

Dama do Encantado, de João Antônio, Nova Alexandria, p. 112, 1996

Bagulhos

"Bem, eu no momento não estou gravando. Eu deixei de gravar não é nem porque eu não tenha boa voz pra gravar. É o seguinte: os autores resolveram gravar as próprias músicas. Isso é um meio de faturar. Eles faturam como autor e como cantor. Ganha de dois 'lado'. Você acha então que o Chico [Buarque] vai chegar perto de mim e dizer: "Aracy, eu tenho uma música maravilhosa e vou te dar", ele podendo gravar? Hoje em dia ninguém é de ninguém, meu filho. Hoje em dia salve-se quem puder. Quanto mais grana, melhor. Então nenhum autor vai tirar uma música boa deles para me dar, então é isso aí! Eu agora não posso gravar bagulho, bagulhetes.

Fui, mas não fui

Pergunta: "Você já foi convidada para cantar no exterior?"

Aracy: "Bem, eu fui convidada sim, há muitos anos, mas há muitos anos mesmo. Jorge Amado queria que eu fosse fazer muitos lugares da Europa, pela Ásia, e eu realmente... Como eu não gosto de viajar de avião, eu não fui. Mas poderia ter viajado e muito, tive muitos convites. (...) Fui convidada para cantar na Ópera de Pequim, Berna, Praga, Moscou e outros lugares. Mas era muito longe, eu tinha medo da viagem de avião. Não aceitei. Eram convites pra ganhar até um bom dinheiro..."

Mora na filosofia

"Eu era uma cantora, gravei muito na minha vida, gravei muita música de carnaval, uma série de marchas espetaculares, gravei sambas, tirei prêmios, isso e aquilo. Mas eu nunca quis ser rainha do samba, receber troféu... Sempre fui uma pessoa humilde, não querendo nada! E por isso estou aí até hoje e não pretendo ganhar de ninguém. Não pretendo ser rica. Meu negócio é ir levando. Só.

Trechos do programa *Vox Populi*, TV Cultura, São Paulo, 1979. Criação de Roberto Muylaert e Carlos Queiróz Telles.

A MULHER DE CUECAS

Sim. É isso mesmo que você está pensando.

Não pode? Pode.

Tirar a limpo

Embora tivesse nascido em Teresina, no Piauí, o poeta e letrista Torquato Neto convivia havia já seis anos com tantos amigos e colegas da Bahia que já se considerava meio baiano. Até mesmo a namorada, Ana Maria Silva, que ele conhecera no Rio de Janeiro, era baiana, nascida na cidade de Ilhéus.

Muito tímido, geralmente calado, entre amigos Torquato revelava seu humor ferino. Ana jamais esqueceu o primeiro passeio que fizeram juntos, logo depois de ser apresentada a ele pelo irmão, no final de 1963. Naquela noite, decidiram assistir a um show com a sambista Aracy de Almeida, na inauguração do teatro da União Nacional dos Estudantes, na Praia do Flamengo. Mal entraram na sala, Torquato disparou uma das suas:

"Eu quero sentar bem ali na frente, porque me disseram que a Aracy usa cueca. Eu tenho que tirar isso a limpo".

Tropicália – A História de uma Revolução Musical, Carlos Callado, página 78

"Foi um susto! Um susto!"

Elza Soares relembra as ceroulas de Araca; depoimento concedido ao autor, em maio de 2014, São Paulo.

Gosto demais de falar da Aracy.

Ela, por incrível que pareça, nasceu quase perto de mim... quer dizer, bem antes, né? Ali por Bangu, Padre Miguel e Realengo.

Meu pai contava que Aracy de Almeida namorou um jogador de futebol do Bangu. Meu pai a conheceu. Aliás, acho que meu pai deve ter dado uns namoricos ali também. Incrível: meu pai falava tanto da Aracy, que era uma coisa...

E eu conheci Aracy através do avião dos covardes, o trem noturno que ligava Rio e São Paulo. Sempre a encontrava no trem com Denner. Tenho até um vestido dele guardado. Éramos um grupo: eu, ele, Aracy e Ciro Monteiro.

Ela dizia: "viajo no avião dos covardes porque não quero pegar pombo de aço". Pombo de aço era avião.

E num dia estávamos os quatro jantando no vagão-restaurante. E Aracy ficou com sono e resolveu dormir na sua cabine.

De repente, volta Aracy correndo. Correndo! Ela dizia que teve um sonho estranho... Mas ela se esqueceu que usava ceroula! Veio correndo com uma ceroula imensa. Foi um susto. Um susto!

Aí ela falava: "Eu uso meus pijamas da maneira que quiser. Então vou embora, vou voltar pra minha cabine e dormir". Mas então ela descobriu que havia esquecido o número do vagão e da sua cabine. Então ela começou a andar pra lá e pra cá, de lá pra cá, de lá pra cá procurando a cabine. Até que alguém da mesa falou "gente, Aracy se perdeu no trem".

E ela passava com a ceroula e todo mundo ficava chocado, rindo. Aracy de Almeida era o seguinte: ame-a ou deixe-a.

Ela era a Dama da Central. Parece que foi o Denner que deu esse apelido pra ela. E às vezes ela não gostava de ficar perto dele porque o Denner fumava demais.

Bom, naquela noite das ceroulas no trem, alguém chegou perto dela e perguntou "Oi, Aracy, está passeando?" E respondeu assim: "Estou fazendo hora pra ver se me vem o sono, porque não estou com sono" . E continuou: "Acontece o seguinte, estou perdida de verdade, não sei o número da cabine onde eu estava repousando". Até que finalmente encontraram. E ela, cara, já entrou dormindo!

Aracy de Almeida e o violonista Turíbio Santos: cheios de estilo na casa da cantora no bairro do Encantado, zona norte do Rio de Janeiro. Foto: acervo Hermínio Bello de Carvalho

TV ARACY

Parangolés, matusquelas e outras mumunhas mais.

A artista que deixou de ser cantora de prestígio para se transformar, durante as duas últimas décadas de sua vida, na jurada de calouros mais amada, odiada, polêmica, incisiva, rascante, ríspida, respeitada, desrespeitada, peitada, xingada. A melhor do planeta.

Ara-tela

"Já estava cansada de cantar e resolvi fazer um novo gênero, ser jurada de televisão. É um outro prato pra mim."

Depoimento dado ao programa *MPB Especial*, produzido por Fernando Faro, São Paulo, TV Cultura, 02/10/1972.

Egípcia

"A gente perde a privacidade. A televisão faz de você promoção de vitrine de subúrbio. Onde a gente vai ficam olhando, com aquela cara de quem viu múmia fora da pirâmide. Vai espiar com rabo de olho a comadre da sua madrinha, viu?".

Última Hora, Rio de Janeiro, 29/06/1988.

Que nota, Aracy?

Considerada uma grande frasista, Aracy brilhava com seus "julgamentos" escrachados como jurada do programa de Sílvio Santos.

"Feiticeira, feiticeira/ Feiticeira é essa mulher/ Que por ela gamei."

Calouro que era esperto sabia. Escolhia para cantar o sucesso "Feiticeira", do potiguar Carlos Alexandre, por uma única razão: era a música preferida de Aracy de Almeida nos anos 80. E, por isso, o calouro conseguia cantar até o fim da canção.

Matéria "É coisa nossa", de Ivan Finotti e colaboração de Samia Mazzucco. Folha Ilustrada, 03/07/ 2011.

ARACY DE ALMEIDA ELEVOU O PALAVRÃO A CATEGORIA DE UMA CANTATA DE BACH.

Aforismo de Hermínio Bello de Carvalho

Aracy toca a campainha.

Silvio Santos: Oh, Aracy, você não gosta dessa música?

Aracy: Eu gosto dessa música. Primeiro, é a hora da saudade, já é muito antiga. Ele perdeu uma boa hora de estar em casa dormindo!

Aracy de Almeida gongando o jurado Geraldo de Souza, durante apresentação de "Namoradinha de um amigo meu", no programa *Show de Calouros*, SBT, anos 1980

Dez Paus

Silvio Santos: Aracy de Almeida quanto vale o show das alunas da professora Cleusa Alvarinho?

Aracy: Vou mandar dez pau e estamos conversados!

Silvio Santos: Por que dez paus?

Aracy: Porque a música é maravilhosa mas elas não estavam no embalo daquela música.

Jazz

Silvio Santos: Você sabe o que é jazz?

Aracy: Saber eu sei, mas ruim como está para apresentar aí eu nunca vi. Tá compreendendo?

Silvio Santos (irônico): Eu já disse que não deve criticar, só elogiar. Onde que foi ruim?

Aracy: Por que que eu vou só elogiar?

Silvio Santos: Mas porque que foi ruim? Você por acaso tem condições de dançar como eles?

Aracy: Eu não posso dançar e você sabe o porque. Porque sou capenga! Entendeu?

Badalo

Aracy: Esse rapaz, um rapaz bonito! Canta bem. Meu filho, eu vou te pedir um favor: troca de calças, tá bom?

Silvio Santos: O que é que tem a ver as calças com a voz do rapaz?

Aracy: Olha a largura da calça! Tá muito largo nele, é um rapaz bonito!

Silvio Santos: Cada um se veste como quer, Aracy de Almeida.

Aracy: Tá tudo badalando. Eu vou votar nele, número 2.

Aracy de Almeida no *Show de Calouros*, SBT, anos 1980

Você é um cara muito fajuto, né, Ibrahim?

Entrevista com o colunista social Ibrahim Sued, na pérgula do hotel Copacabana Palace. Ele mantinha colunas em jornais, revistas e um quadro no programa Fantástico, da TV Globo.

Ibrahim começa cantando: "O orvalho vem caindo / Vai molhar o meu chapéu..."

Aracy: "Ah, essa é boa, né?"

Ibrahim: (gritando com as pessoas em volta) "Olha aí, não passa aqui que nós 'tamo' gravando. Por favor, afasta! Afasta! Que chato, pô! Esses 'cara'! 'Tamo' gravando!"

Aracy: É, é, Ibrahim, é isso aí!

Ibrahim: Que coisa chata isso! Esses buzuntas!

Aracy: Estão estranhando os pistoleiros, né, Ibrahim?

Ibrahim: Não podem ver Aracy de Almeida!

Aracy: É isso aí.

Ibrahim: 'Tele-panterinhas', sobretudo, cocadinhas. Vocês, da nova geração, da geração pão com cocada, não têm ideia o que representou e representa, na história da música brasileira, Aracy de Almeida. E este é o papo meu de hoje, com Aracy de Almeida, é para vocês, é para você, jovem, pra você, cocadinha, para saber como nasceu a música brasileira.

Aracy de Almeida, antes de mais nada, por que você não sai do Encantado? O Encantado é um bairro aqui perto de Vila Isabel. Essa mulher... A Aracy mora lá há 50 anos e nunca saiu de lá. Por quê?

Aracy: É na periferia, do subúrbio, da Central. Eu sou a famigerada 'Dama da Central'.

Ibrahim: E porque que você nunca mais cantou? E você, em vez de cantar, você passou a fazer parte de júris."

Aracy: "Bom, eu achei o seguinte. Como eu já estava cansada de cantar, eu vou dizer uma coisa agora pro público e pra você, Ibrahim. É o seguinte: eu nunca gostei de cantar. Eu cantava porque, realmente, eu tinha necessidade de cantar pra faturar.

Ibrahim: Aracy, porque que você não... nunca se casou?

Aracy: Bom, eu nunca me casei, porque, pra mim, o homem ideal nasceu morto. E antes só do que mal acompanhada.

Ibrahim: Aracy, é verdade que você teve um *affair d'amour* com o Noel Rosa?

Aracy: Não, isso é mentira, porque o Noel Rosa gostava muito 'daquelas mulata', gostava de curtir mulata. Ali do cabaré Novo México, aquelas mulatas assim, muito maior do que ele. Ele tinha paixão por mulata! Não era eu! Eu era muito magrinha e tinha '15 ano', meu filho!

Ibrahim: Quantas músicas você gravou de Noel Rosa?

Aracy: Bom, eu gravei com o Noel, vivo, gravei 34 músicas. Ele me deu essas músicas. 34. Fui eu que gravei a maior quantidade de músicas do Noel vivo.

Ibrahim: Aracy, você também tem medo de confessar a idade?

Aracy: Eu não tenho medo, Ibrahim, mas seu eu começar a dizer a minha idade, imagina, eu tenho 42 anos de vida artística. Muita gente vai dizer: 'por que a Aracy não vai pra um asilo?' e tal. Agora, você é um cara muito fajuto, né, Ibrahim?

Ibrahim: Folgado?
Aracy: Folgado eu não digo.
Ibrahim: Fajuto?
Aracy: Fajuto... Fajuto é outra coisa. Você me perguntar minha idade – imagina, você com tanta pantera aí, por que que você não vai perguntar às suas deslumbradas? Não é, meu bem?
Ibrahim: Escuta, Aracy, falando... Quantas músicas você gravou?
Aracy: Eu gravei tanto, que eu até me esqueci. Mas eu gravei uns 500 discos, por aí.
Ibrahim: Nova geração, cocadinha, geração pão com cocada: o papo hoje foi com a primeira dama, aliás, uma das primeiras damas da música brasileira. Realmente, Aracy de Almeida, com 500 discos gravados, com seus sucessos repetidos hoje nos 'carnavais carioca' é uma pantera, a pantera do samba. Panterinha, você tá convidada pro meu coquetel pra lançamento do meu livro, dia quatro, no Copa, aqui na Pérgula do Copa. Chama-se *O Segredo do Meu Su...Sucesso* e dos outros, inclusive o seu.
Aracy: Tá, muito obrigada, Ibrahim. Estamos conversados.
Ibrahim: E ademã que eu vou em frente. De leve.

Entrevista exibida no programa *Fantástico*, Rede Globo, 03/10/1976.

Qual o nome do cachorro que está com Aracy de Almeida no palco?
( ) Gorda
( ) Feijão
( ) Bill
( ) Mundica
( ) Baixinha
( ) Bela Lola
( ) Miudinha
( ) Dona Micas
( ) Samantha
( ) Amiga
( ) Escurinha

Foto: Folhapress

Quem tem medo de Aracy?

Durante a ditadura militar, arenas com tribunais e bancas de jurados eram formatos comuns de programas na televisão brasileira, subordinada ao obscurantismo da Censura Federal. Julgar pessoas "pegava bem". Julgar calouros era influência dos shows televisivos ingleses, tropicalizados aqui em forma de circo pop-kitsch. O programa "Quem tem medo da verdade", gravado de 1968 a 1970 em São Paulo pela TV Record e retransmitido pela TV Rio, tentava ser polêmico e provocativo, ao acuar nomes famosos com perguntas moralistas, provincianas e agressivas.

Quase inquisição de celebridades, era "proibido a menores de 16 anos" e exibido depois das 23h. Muitos choravam nesse "jogo da verdade": Leila Diniz, Dalva de Oliveira, Grande Otelo e Norma Bengell, entre tantos outros. Leila seria "quase prostituta"; Dalva, "cantora decadente e alcoólatra"; Grande Otelo, "comediante ultrapassado e sempre bêbado"; Norma, "atriz exibicionista, com fama de meretriz". Roberto Carlos foi atacado por "deturpar a juventude com seu repertório iê-iê-iê e usar cabelos longos".

Em seu livro Leila Diniz (Companhia das Letras, 2008), o jornalista Joaquim Ferreira dos Santos resume: "Era a invenção do programa de jurados. Fingia-se estar num tribunal, presidido por Carlos Manga, e com artistas do elenco da emissora (Clécio Ribeiro, Alik Kostakis, Sílvio Luiz, Aracy de Almeida etc.) tentando representar no estúdio as 'pessoas de bem' da sociedade lá fora. Eles avaliavam a conduta das personalidades, que eram postas em cena sob a luz de interrogatório policial em filme B". Leila, com apenas 27 anos e no auge de sua carreira, foi julgada e humilhada por dizer palavrões, por sua moral anticristã, concebendo a família de modo errado e praticar sexo livre. O programa, afinal, refletia bem a

atmosfera e a moral do regime militar no país.
   Em um dos programas, Aracy de Almeida passou de jurada a julgada. E saiu mais que vencedora. *Destruiu e canonizou quem bem entendeu.* O programa se encerrava com o convidado do dia dando notas – e comentando – alguns nomes conhecidos. Aqui, a lista com que contemplaram a nossa cantora-metralhadora.
   Caetano Veloso "Eu amo o Caetano Veloso e acho ele assim, uma coisa maravilhosa! Nota dez!"
   Portinari "Realmente, foi um grande pintor e muito amigo meu. Cansei de frequentar a casa dele. Tenho quadros do Portinari. Eu acho ele assim, um luxo! Cândido Portinari. Dez! Se eu pudesse, dava mil!"
   Marcos Roberto [cantor romântico-brega da Jovem Guarda] "Bom, esse, de toda essa juventude fajuta que anda por aí, eu acho assim, um dos piores. Ele é um péssimo cantor, é um péssimo amigo, é um... garoto que, realmente, não resta a menor dúvida, eu dou nota zero! E pega muito no meu pé no programa!"
   Christian Barnard [cardiologista sul-africano que fez o primeiro transplante de coração na história da medicina; foi celebridade mundial nos anos 1960] "Bom, esse... Esse é aquele que... É um tremendo falcatrueiro, sabe? Ele inventou essa história de 'transplantes cardíacos', mas, realmente, ele não inventou um remédio para que os pacientes vivessem! Porque tá... Todo mundo bateu com 'as testa'! Não resta um pra contar o bicho que deu! E ele tá aí desfrutando, sendo playboy internacional, minas, milhões, né? Gozando, não é?, assim, a vida. Enfim. Eu dou nota zero pro doutor Barnard."
   Gina Lollobrigida [atriz italiana de sucesso nos anos 1960] "Bom, essa é uma das cafonas assim [risos]... 1918! Ela

tá vivendo assim, em uma época já muito superada. Ela é uma artista que tem um pé muito grande, calça 42. Não faz meu gênero! Eu acho que ela... Agora, inventou a seguinte história: ela mandou matar cinco tigres para fazer um casaco – quer dizer que é um animal vestindo outro animal! Nota dois."

Marcos Lázaro [na época, o maior empresário/produtor de artistas do país] "Marcos Lázaro! Nota dez!"

Isaurinha Garcia "Bom, a Isaurinha Garcia, ela é uma cantora que... Não está mais... 'nas boca', 'vamo' dizer assim, né? Ela se recolheu. Não sei [se] é porque ela tem filho, ou porque ela brigou com o marido, ou porque ela chora muito, ou porque ela bebe muito... Mas ela é gente e eu adoro. Nota dez!"

Nara Leão "Nara Leão, é aquela moça que nasceu numa família assim, muito bem, do Rio de Janeiro, que tinha mania de cantar. Pegava o violão e ficava naquele plá. Realmente, ela conseguiu alguma coisa. E resolveu ser cantora, né? Eu nunca acertei com o tom que a Nara Leão canta, entende? Acho que ela tinha bom gosto, escolhia boas músicas, foi premiada. E outras minhocas mais. Mas... Não aconteceu nada. A Nara Leão deixou de cantar, foi ser dona de casa, o que eu achei bem melhor do ela que ser uma cantora, que ela não cantava mesmo nada. Minha nota é dois!"

Fernando Jorge "É um escritor assim, de terceira categoria. Minha nota é um!"

Vinícius de Moraes "Eu acho ele maravilhoso! E minha nota é dez!"

Dimas, o bom ladrão "Jesus Cristo perdoou Dimas, que era o bom ladrão, e também perdoou Gestas, que era o mau ladrão. Eu adoro Jesus Cristo e continuo... adorando o Novo Testamento, acho assim, lindo, divino de morrer. Minha nota pra Dimas é dez!"

Maria Bethânia "Essa... Eu vou dizer uma coisa... Eu fiz uma reportagem e declarei o seguinte, que ela devia herdar essa coisa que eu faço por Noel, essas músicas que eu canto, de Noel Rosa, há muitos anos. Eu deixei essa herança pra quando eu morrer. Maria Bethânia devia ficar com meu repertório, porque ela sabe cantar muito bem, é uma artista que sabe interpretar, é uma artista que sabe dizer e que tem pra dar alguma coisa! Maria Bethânia! Acho assim lindo! Divino! Nota dez!"

A melhor do planeta

Durante a década de 1980, Aracy de Almeida reinou na bancada de jurados do programa dominical de Sílvio Santos. Ganhava bem, era a protegida do apresentador, tinha autonomia para dizer absurdos, interromper calouros e desafi(n)ar o coro dos contentes. Aos amigos, reclamava que o deslocamento semanal a São Paulo a esgotava. "Estou velha, quero ficar na minha casa". No começo de 1988, Aracy entrou em coma por problemas médicos diversos. Morreria meses depois, sem saber que era dela o Troféu Imprensa de Melhor Jurado 1987[8]. E ponto final de sua trajetória.

A presença de Aracy de Almeida no programa de Sílvio Santos é a marca que ela deixou ao grande público. Público que ignorava seu passado artístico e sua importância na música brasileira. De qualquer modo, o pesquisador Rodrigo Faour define no encarte da série de CDs Super Divas, a bifurcação aracyana: "A jurada é inesquecível, mas a cantora também".

Aracy: "Sílvio, por que você sempre foi vitorioso nessas tuas mumunhas?"

Sílvio Santos: "Bem, eu não sei o que que 'é mumunhas'..."

Aracy: "Mumunha é uma porção de 'coisa junta'."

[8] *A premiação criada pelo jornalista Plácido Manaia Nunes em 1958 foi cedida ao SBT em 1970, que o transformou em um arremedo de Oscar da TV brasileira.*

Sílvio Santos: "Realmente, eu costumo ter mais vitórias do que derrotas por um motivo: quando o ser humano está com a razão, Deus é o seu advogado."

Aracy: "Humpf."

Programa Sílvio Santos, SBT, em 10/1987, em entrevista ao vivo para todos os jurados da atração.

Juca

Pra ver a banda passar começou muito bem, com audiência ao nível do Fino da bossa, de Elis Regina, e do programa da jovem guarda, liderado por Roberto Carlos. Na estreia, foi apresentado ao vivo, sendo gravado dali em diante. Lá estava a bandinha de Altamiro Carrilho tocando "A banda", ao lado de Aracy de Almeida, que cantou "Juca", de Chico Buarque, e levou o auditório superlotado a pedir bis. Participaram também Elza Soares, Zé Kéti, o Zimbo Trio, o MPB-4 e Geraldo Vandré.

Nara Leão: uma biografia, de Sergio Cabral, Editora Lumiar, 2001, p. 128.

Yes, nós temos bananas

Enquanto isso, Caetano, Gil e os Mutantes passaram a ser atrações frequentes nos programas do Chacrinha. O sucesso da primeira Noite da Banana provocou mais uma Discoteca dedicada aos tropicalistas, dessa vez contando também com Nana Caymmi, que até ajudou o apresentador a distribuir bananas para a plateia. Outra convidada especial foi a veterana cantora Aracy de Almeida, escolhida pessoalmente por Caetano.

Tropicália: a História de uma Revolução Musical, de Carlos Callado, Editora 34, 1997.

Chororô

Na TVS, um de seus companheiros de júri era Pedro de Lara. Ele contava que Aracy tinha muita química com Sílvio em cena e fez a seguinte declaração sobre essa época: "Nós éramos uma equipe. Muitas vezes eu chorava ao ver aquele auditório cheio e o país todo ligado na gente. A Aracy então debochava de mim dizendo: 'Pedro, deixa de ser chorão! Você é muito bom, mas é um xarope!'."

Trecho extraído da edição 64 do programa *Estúdio F*, roteirizado por Cláudio Felício e apresentado pela Rádio Nacional, com apoio Funarte/Radiobrás.

Santa Ceia

Já vivera o delírio do júri de Chacrinha e agora desfrutava de uma enorme popularidade no de Sílvio Santos – e vivia quase que nababescamente. Enrolando um baseado e guardando-o entre as dobras da camisa, saía para desarrumar as noites paulistanas a bordo do belo Mercedes guiado por Tico, no Cadillac de Denner, cuja instalação do primeiro atelier ela patrocinou – e dela mesmo ouvi essa declaração que nenhum jornal jamais estampou: "Se você fosse Jesus, quais os apóstolos da MPB que você convidaria para sentar-se à mesa?". Responde: "Denner, Caetano, Noel, Wilson Batista, Carlos Imperial e José Fernandes".

Araca: arquiduquesa do Encantado – um perfil de Aracy de Almeida, de Hermínio Bello de Carvalho, Edições Folha Seca, 2004, p. 16.

On the road

"Hoje quero 90 dias de licença para cuidar da minha vida particular... Passo três dias em São Paulo, três no Rio e um no trem, o avião dos covardes – que continua sujo e mal cheiroso como há 50 anos."

Jornal do Brasil, Rio de Janeiro, 11/11/81.

1988: o lamento de Sílvio Santos

"Aracy de Almeida foi a melhor jurada de 1987. Tenho estado em contato com ela diariamente... Só se Deus quiser ela voltará ao programa e saberá que foi a melhor jurada de 87.

As coisas são muito difíceis para analisarmos. Sempre que eu fazia o Troféu Imprensa eu tinha briga com a Aracy de Almeida, ela pedia demissão. Por muitos anos, e os meus colegas sabem que eu não estou mentindo, após o Troféu Imprensa, a Aracy me procurava e dizia que não queria ficar mais no júri porque, *'Ah, Sílvio, eu já estou velha, eu quero ir embora, o pessoal não reconhece o meu trabalho, eu não quero mais ser jurada, eu quero ficar no Rio. Me cansa muito sair do Rio e ir para São Paulo participar do juri'*.

E ela ficava aborrecida, ficava chateada, porque nunca havia recebido o Troféu Imprensa. E agora ela está em coma, nem vai saber que ganhou o troféu. Uma bonita homenagem que vocês prestaram à Aracy de Almeida. Queira Deus que ela tome conhecimento que foi a melhor jurada de 87 ou então, que descanse em paz."

Programa Sílvio Santos, início de 1988, SBT

Aracy falou e disse
Pipocas e pimentas aracyanas na imprensa.

Cuca baleada

"Eu não sei, meu filho, acho que agora eu não posso mais andar na rua. Acabou-se aquele tempo de poder sair pra fazer compras, escolher minhas verduras. Agora não, até vaia eu levo na rua... Realmente estou com minha cuca baleada: uns me dão adeusinhos, outros me chamam de filha daquilo... Estou é a fim de me pirulitar por aí, ir pro Amazonas ajudar a abrir aquelas estradas lá!"

TV devora

"... Antes eu era muito popular, mas só entre gente que adoro, jornalistas, intelectuais, artistas. Agora não, porque esse negócio de Via Embratel é um bico, rapaz!".

"Era um tempo bom. Era época do rádio... o público se contentava em receber um retrato pelo correio. A TV enaltece, mas devora, vende demais a imagem. Você fica com a fachada conhecida. O meu frontispício virou *outdoor* dominical."

Revista *Manchete*, Rio de Janeiro, 18/09/1971.

Porra nenhuma

"Quando a gente saía do programa eu dava carona para ela e Aracy dizia:

– 'Entra logo no carro.'
– 'Mas Aracy, sou eu que estou levando você.'
– 'E daí?'

Quando ela saía do carro, batia a porta com uma violência que precisava ver.

– 'Ô Araca, não bate a porta assim. E não vai agradecer, não?'
– Eu não vou agradecer porra nenhuma. Eu sou uma senhora. E você, como cavalheiro, não faz mais do que a sua obrigação. E não me chama de Araca porque não gosto de apelido."
Ela era assim."

Depoimento de Pedro de Lara publicado no programa do espetáculo *Aracy de Almeida no país de Araca*, montado em 2001 no Centro Cultural Banco do Brasil.

Velha coroca

A partir da segunda metade da década de 1960, Aracy participou como jurada de vários festivais da canção: já era uma referência. A explosão de novos talentos parecia sinalizar o momento para uma passagem de bastão e ela não perdeu o bonde: "Eu moro lá longe, tenho as minhas cachorrinhas de estimação e não preciso me aborrecer pra trabalhar. Já enjoei de cantar e tem mais: o ambiente não ajuda, e no momento o mingau anda grosso demais...". O azedume da declaração não a impediu de dividir o palco do Teatro Cacilda Becker, em São Paulo, com os recém-descobertos Jorge Ben, Toquinho e Paulinho da Viola, ou de elevar um desconhecido e cabeludo Caetano Veloso ao rol de seus compositores preferidos. Tinha passado para o banco, mas não deixara de prestar atenção ao jogo.

Ainda na televisão, chegou a trabalhar como jurada na *Buzina do Chacrinha*, na TV Globo – Chacrinha a chamava de "Dama da Central" –, posto no qual encerraria a vida. Embora tenha sido a sua imagem mais conhecida na posteridade, é de se perguntar quantos espectadores do *Show de Calouros* (a versão nacional do *Gong Show*, de Chuck Barris) do Programa Sílvio Santos sabiam ou, ao menos, desconfiavam, que aquela velha coroca e mal-humorada tinha andado nos círculos intelectuais de mais prestígio do país, ou que tinha sido intérprete de Noel Rosa.

A ranzinzice e o rigor com que julgava os aspirantes ("o matusquela vai levar dez pau") fez dela a mais conhecida e bem paga dos jurados que compunham um plantel dos mais bizarros do audiovisual brasileiro. Pode-se creditar seu mau humor característico a uma combinação de ranhetice da idade, excesso crítico e exigência profissional com a interpretação de uma caricatura perfeita para provocar a audiência. Paradoxalmente, o mau humor aumentou sua ligação afetiva com o público, com quem trocava gentilezas na rua, e acabou tornando-se um grilhão: teve seu pedido de demissão negado, porque era grande responsável pelos índices do Ibope.

Debilitada por problemas físicos, abandonou a televisão na segunda metade da década de 1980, sendo hospitalizada em função de um edema pulmonar que a levou ao coma por dois dias. Após mais dois dias em lucidez, faleceu. Foi velada no Teatro João Caetano (onde fizera seu último show – do projeto *Seis e Meia*, com Albino Pinheiro) e seu corpo percorreu, no carro dos bombeiros, diversos bairros frequentados por ela ao longo da vida: Copacabana, Glória, Lapa, Vila Isabel, Méier, Encantado. Era o adeus final da arquiduquesa do Encantado, que partiu sem gravar o disco de composições de Cartola sonhado por Sérgio Porto.

Trecho de texto do blog Burburinho (www.burburinho.com.br), de Rafael Lima, 2005.

E EU SOU LÁ MULHER DE OLÁ?

A glória não me interessa

Hermínio Bello de Carvalho: "Eu sei que eu considero você o maior gênio da música popular brasileira, do canto popular brasileiro. E por que essa de estar só em júri de televisão? Por que não cantar pra gente, hein? O que é que houve? O que que fizeram com você?"

Aracy: "Muita gente do meu tempo tá aí 'apagado'! E eu estou aí nas 'boca', entendeu?! E estou... Em dia com a atividade artística e não quero ficar apagada e esquecida. Antes eu ser jurada, do que estar curtindo um crochê em casa, você não acha?" Hermínio, eu sou preguiçosa, malandra. Eu não gosto de cantar. Pra mim, dinheiro não me interessa. Também a glória, também não me interessa. Meu negócio é ir levando a vida. Eu nunca gostei de cantar, nem quero ser a maior cantora, nem quero ser isso, nem quero ser aquilo."

Diálogo de Aracy com Hermínio Bello de Carvalho em *Mosaicos: a arte de Aracy de Almeida*, documentário dirigido por Nico Prado, com coordenação musical de Fernando Faro e produção de Fernando Abdo. TV Cultura, São Paulo, 2009.

Fumacê

"O negócio é o seguinte: pra começar, não sou eu que toca a campainha lá pros 'calouro', quem toca é o Sílvio Santos e estoura na minha mão! Pra começar! Em segundo lugar, eu estou rouca, daquele vento frio que houve aí. Eu tô um pouco rouca. E aqui fumaça é mato. Esse fumacê aqui, realmente, está me prejudicando. Estamos conversados!"

Trecho da fala de Aracy de Almeida no show *Ao Vivo e à vontade* gravado em 1980 e lançado pela gravadora Continental.

Drama de jurada

Trechos do programa *Vox Populi*, exibido pela TV Cultura em 1979. Aracy afiada.

Pergunta: "Você é jurada de TV. Ser entrevistada pelo povo na televisão causa alguma preocupação?"

Aracy: "A mim não causa preocupação nenhuma. Agora, quanto a ser jurada, para mim é um bom galho, sabe? É isso aí!"

Pergunta: "Você gostaria de gravar alguma coisa do Chico Buarque?"

Aracy: "No momento eu sou jurada e pretendo ficar como jurada durante mais 50 anos!"

Pergunta: "Aracy de Almeida, peço a você pra você não ser tão severa no júri do Sílvio Santos, ajudando aos que começam agora. Você foi cantora e passou por essas coisas. Então vamos ajudar as pessoas novas a vencer, como você venceu e até hoje é um ídolo como cantora e julgadora no Sílvio Santos?"

Aracy: "Bem, o negócio é o seguinte: tem tanto cantor desafinado gravando e funcionando em shows e em televisão. Olha, acho que 90% dos cantores brasileiros desafinam. Só escolho um calouro que realmente seja um negócio que preste. Agora, não sendo, eu meto o cacete nele. Da minha parte eles não passam. Tem que ser bom mesmo, não sendo bom, não passa!"

Pergunta: "Você ficou popular e famosa como cantora. Como jurada parece que você tá ficando um pouco antipática. Isso é o seu jeito ou você tá fazendo tipo, Aracy?"

Aracy: "Ah, eu não faço tipo, eu não sou pessoa de fazer tipo. Esse é o meu jeito de falar, eu não faço tipo! E negócio de tipo quem faz é o Pedro de Lara. Eu não, meu filho. Sempre fui assim, agressiva, sou do signo de Leão, um signo barra pesada! Sempre falei gesticulando e quando não sai palavrões e outras coisitas mais... Sempre fui assim. Não estou fazendo tipo."

Cabeleireiro pergunta: "Aracy você deveria se aposentar e descansar devido à sua idade?"

Aracy: "E você naturalmente vai pagar minha casa! Apesar de eu não precisar de trabalhar. Pois olha, eu tenho oferecimento de reforma de contrato lá pra ser jurada. E se eu estou trabalhando é porque eles insistem em trabalhar. 'Se aposentar'... Aposentada estou eu, do INPS. Eu não quero ficar aposentada da minha profissão. Ora, guarda essa arma, sua tesoura, meu filho. Vai cortando tuas carapinhas aí e me deixa, sim? Larga do meu pé!"

Repórter pergunta à lojista se existem discos de Aracy de Almeida. Ele responde que não. "É pouco procurado".

Aracy: "É pouco procurado".... Deixei de gravar já há muitos anos. Depois que o Noel Rosa morreu deixei de gravar, porque não estava a fim de gravar bagulho e coisas pra ficar na prateleira, como tem muita coisa aí, disco vendendo a cinco mangos. Então eu deixei de gravar por isso. Agora... eu tenho alguma coisa, algum LP em algumas lojas. Mas é difícil. Meus discos não estão à venda a cinco cruzeiros, meu filho."

Vox Populi, TV Cultura, São Paulo, 1979. Criação de Roberto Muylaert e Carlos Queiróz Telles.

Aracy em seu refúgio: a casa no Encantado era decorada com antiguidades, louças, cristais e telas de amigos, como Portinari, Di Cavalcanti, Heitor dos Prazeres e Aldemir Martins. Foto acervo Hermínio Bello de Carvalho

DE CONVERSA
EM CONVERSA

Em palpites felizes, personalidades & parceiros & amigos falam & comentam & tricotam & analisam & louvam & explicam a pessoa Aracy, a artista Aracy, a mulher Aracy, o mistério Aracy. Em algumas passagens, é ela quem explica o X dos problemas.

Maria Bethânia
Ela está acima do bem e do mal. Para ela não tem passado ou futuro.

Entrevista ao semanário *O Pasquim* n.º 11, 05/09/1969.

Rogério Sganzerla
Atualmente, Orson Welles trabalha em programas da TV em função do estado de ganha-pão, algo assim como a nossa grande Aracy de Almeida faz no vídeo.

Em "Presença do gênio como herói culto", *Folha de S. Paulo*, 08/07/1981.

Caixa de costura
Outra história pouco conhecida: Aracy foi a grande incentivadora de Dener Pamplona de Abreu (1937-1978), considerado, nos anos 1960, o estilista de alta-costura mais importante do país e figura extravagante do high society *paulistano.*

Pergunta: "É verdade que você financiou a primeira boutique de Denner, porque que ninguém nunca publicou isso? Você que lançou ele?"

Aracy: "Eu não financiei a primeira boutique do Denner. Eu conheci o Denner quando ele tinha 14 anos. Eu morava aqui em São Paulo, ele apareceu com a tia dele, a Maria Augusta Teixeira, que tinha a loja de moda Scarlet, na rua Barão de Itapetininga. Ele gostou muito de mim... Era figurinista da tia dele e quando saiu da loja da tia, veio morar comigo, no edifício Metro, na Avenida São João. Então resolvi arranjar uma loja para ele abrir seu ateliê, o primeiro dele. Era na praça da República. Fui fiadora, com outros amigos meus. É isso aí. E não era uma boutique: era um ateliê."

Trecho do programa *Vox Populi*, TV Cultura, São Paulo, 1979. Criação de Roberto Muylaert e Carlos Queiróz Telles.

Molejo próprio

Cantora da minha cidade e dos meus bairros, Aracy nasceu no Encantado, viveu no Engenho de Dentro, estudou no Méier, até chegar, como todos nós, a Ipanema. Nos encontrávamos comumente com ela, com a naturalidade dos que andam pela noite. Nos últimos anos, sua voz era um pouco rouca nas conversas, continuava clara – e malandra! – no cantar, e não é desrespeito, mas alto elogio, lembrar seus seios mitológicos, que uma vez, em arroubo de mesa de bar, ali, num canto da boate Casablanca (Praia Vermelha), mostrou desafiadora pra Antônio Maria e pra mim, na irrefreável vontade feminina de provar que tinha mais do que voz bonita pra mostrar ao mundo. A última vez que ouvi Aracy cantando, ela cantava Noel. Dizem que a primeira vez que cantou, cantou Noel. Haja fidelidade.

Acompanhei alguns momentos do percurso de Olivia Byington no caminho de Aracy de Almeida. Tanta coisa que eu tinha esquecido totalmente, ou de que lembrava vagamente, da voz de Aracy foi ressurgindo na interpretação – a mesma e toda uma outra forma – da Byington, personagem de outra esfera e outra formação, mas herdeira direta. É. De repente, Olivia se descobre herdeira, aquilo é dela. Um capital inestimável, a preservar, a ampliar, a desfrutar, a redistribuir. É o que faz aqui, neste CD, gorjeando, chilreando, harpejando e transformando, com molejo próprio e gratidão indisfarçável, tudo o que recebeu de Aracy, "o samba em pessoa".

Millôr Fernandes, em trecho do encarte de *A Dama do Encantado*, álbum da cantora Olivia Byington, produzido em 1996 pelo selo WEA, com 20 regravações de sucessos de Aracy de Almeida.

Ludwig van Aracy

Tem uma frase que realmente escrevi para chocar. O meu padrasto era violista da Orquestra do Teatro Municipal de São Paulo, e eu sempre ia com ele aos concertos. Um dia ele voltou chateado dizendo que a Aracy de Almeida não acertava as notas no piano. Eu fiquei com raiva e escrevi que "Aracy de Almeida era igual a Beethoven, embora ligeiramente superior". O esnobismo é meu maior inimigo.

Entrevista com Jorge Mautner: *O Filho do Holocausto*; site do Canal Brasil, 09/05/2012.

Aquele abraço

Egberto Gismonti: De onde é que vem essa energia toda que te faz tão bonita, tão cheia de vida, tão cheia de música, tão cheia de esperança?

Aracy: Eu sou do tempo antigo, eu sou de Leão, um signo forte... Sou bem alimentada, não sofro de doença nenhuma. E gostei muito dessa pergunta que você fez. Adorei. Nem tenho resposta pra te dar. Um abraço, meu filho!

Trecho do programa *Vox Populi*, TV Cultura, São Paulo, 1979. Criação de Roberto Muylaert e Carlos Queiróz Telles.

Encanto

Quando gravei *A Dama do Encantado* [WEA, 1996], CD em tributo a Aracy de Almeida, tinha a intenção de resgatar o glamour e a importância dessa maravilhosa intérprete. Pra mim, Aracy de Almeida foi a maior sambista do seu tempo. Encarnou o próprio samba, sua irreverência e modo de viver. Foi companheira de Noel Rosa na música e na vida. Espero que de onde ela esteja agora possa ver o quão querida e reconhecida é por todos nós da música brasileira.

Olívia Byington, no *Boletim CPC Aracy de Almeida*, ano 2, n°. 22, 18/6/2008.

Dificílima

Na Rádio Mayrink Veiga, Stella Caymmi conviveu com diversos artistas famosos. Aracy de Almeida – adjetivada por César Ladeira de *O Samba em Pessoa* –, Pixinguinha, Carlos Galhardo e Sílvio Caldas foram alguns dos seus colegas. Aracy, volta e meia, a convidava, junto com Pixinguinha, para almoçar no restaurante Tupã, próximo à rádio. "Fui ganhando pouco. Dava para eu me vestir, vestir mamãe e Helena. Mas não dava para comer fora. Aracy costumava me convidar. Ela era uma criatura dificílima, mas gostava de mim" – relembra Stella.

Dorival Caymmi: O mar e o tempo, Stella Caymmi, Editora 34, p. 173.

Emoticom

Aracy cantava com emoção e tinha personalidade. Quando escuto ela cantando "Não me diga adeus", os olhinhos ficam cheios d'água.

Cristina Buarque, no *Boletim CPC Aracy de Almeida*, ano 2, n°. 22, 18/6/2008.

Pânico
O medo de avião de Aracy era conhecido
por todos no meio musical

A Rádio Nacional seria homenageada em Belém pelo governador do Pará. Iríamos a Belém — Emilinha Borba, Marlene, Dalva de Oliveira, Ademilde Fonseca, Elizeth Cardoso, Isaurinha Garcia, Dolores Duran, cantoras e cantores, 80 ao todo. E estava todo mundo junto na sala pra conversar e decidir o repertório com o diretor artístico. A Aracy de Almeida entrou derrubando tudo, enlouquecida: "Eu não vou nesse show, não vou de jeito nenhum. Vocês sabiam que eu não ando de avião, por que me puseram nesse show?" Ela estava quase querendo bater no diretor. Nelson Gonçalves, que era gago, ficou nervoso e pediu que não se exaltasse. Mas ela disse que não conseguiria conquistá-la. Nelson respondeu: "Aracy, presta atenção: esse medo burro que você tem de viajar de avião, que bobagem é essa? Fica sabendo de uma coisa: você só vai morrer quando chegar o seu dia, sabia?" Ela parou e disse: "Sabia. Mas e se for o dia do piloto?" Aí acabou o assunto. O pessoal morreu de rir.

Depoimento de Carmélia Alves, cantora conhecida nos anos 1950 como "Rainha do Baião", publicado no blog "Fatos Novos Novas Ideias", de Francisco Barreira. http://fatosnovosnovasideias.wordpress.com/cantoras-do-radio

Cantar

Gal Costa: "Oi, Aracy. Que bom estar aqui conversando contigo. Fazer uma pergunta meio difícil, porque sou sua fã, me declaro sua fã publicamente. Pergunta de cantora, simples e objetiva: até que ponto a música é importante na sua vida? Como pessoa, como artista... Absoluta, grande. A forma que é a música. Só isso. Um beijo."

Aracy: "Eu sempre gostei muito de cantar, principalmente música brasileira. Eu sempre aprendi aquelas músicas difíceis do Noel Rosa, que eu era dura de aprender e tive muito gosto em cantar. Gravei quase 500 músicas, eu gostava muito de cantar.... Mas de um tempo pra cá, depois que o Noel morreu, morreu o Ary Barroso e outros autores que eu gostava muito... Eu me desinteressei da música. Agora, tem muitas músicas do momento que eu gosto. Mas eu não vou regravar música de ninguém. Então é isso aí."

Trecho do programa *Vox Populi*, TV Cultura, São Paulo, 1979. Criação de Roberto Muylaert e Carlos Queiróz Telles.

Chacrinha

Abelardo Barbosa conheceu a cantora em 1941, quando era locutor na Rádio Tupi: "Moramos durante cinco anos no mesmo hotel, em São Paulo, e frequentamos o mesmo trem que nos levava para lá. Ela começou como jurada no meu programa".

"Aracy de Almeida, mulher do futuro", de Alexandre B. de Souza e Leonardo S. Prado. Revista *Piauí*, edição 8, 05/2007.

Os preferidos de Araca

"Agora no Rio tá uma moda de pagode, tem um tal de Zeca Pagodinho que tem cada batucada, cada coisa boa pra danar. O Chico Buarque é um grande cara; o Caetano Veloso é um grande cara pra fazer música e tem outros: esse cara Tim Maia tá cantando horrores! Das cantoras, gosto da Beth Carvalho e daquela menina Alcione, que tá muito bem, tem a Sandra de Sá, que tem uma vozinha boa, tem uma porção de gente. Tem Gal Costa, que tá no auge, né?"

Entrevista a Antônio Bivar para a revista *A-Z*, São Paulo, 1987.

Tudo acaba

Pergunta: "Esse gosto da juventude, Aracy, preocupa você? Porque gostam de Milton Nascimento, Gilberto Gil, Rita Lee... Você não está no meio, né?"

Aracy: (brava) O que é que vou fazer? No meu tempo eu gostava do Bing Crosby, Carlos Gardel, Maurice Chevalier e outros bichos mais, né, meu filho? O negócio é de cada época. Essa turma que é jovem, tá pensando que não vai passar pelo período que eu estou passando. Tudo acaba, meu filho, essa vida é muito rápida. É um negócio passageiro.

Trecho do programa *Vox Populi*, TV Cultura, São Paulo, 1979. Criação de Roberto Muylaert e Carlos Queiróz Telles.

— O que faz quando está nervosa? NÃO FAÇO NADA. NÃO SOU NADINHA NERVOSA... NÃO GOSTOU?

— Que acha de suas fans? ADORO HORRORES!

Gosta de baile? ADORO UM BAILEZINHO.

VIC

com
ARACI DE ALMEIDA

— Gosta de andar de elevador?
— HIIII, ADORO.
— Gosta de praia?
— NÃO; EU NASCI EM SUBÚRBIO E LÁ, "NECA" DE PRAIA... "MANJOU"?

— Já se viu à beira da morte?
— TODAS AS VÊZES QUE VIAJO DE LOTAÇÃO NO RIO DE JANEIRO...

— Quanto tempo gasta no cabeleireiro?
— NÃO TENHO TEMPO PARA ESSAS "MAROLAS"...

— Gosta de Carnaval?
— GOSTO. POR CAUSA DA "CONFUSA". ÉTA COISA GOSTOSA...

— Quantos cigarros fuma por dia?
— VINTE CIGARROS POR DIA. DE PREFERÊNCIA CIGARROS AMERICANOS.

— Gosta de bater papo?
— ADORO BATER UM PAPO. ÉTA, COISINHA GOSTOSA...

— Tem mêdo de andar de avião?
— TENHO MÊDO POR QUE PODE NÃO SER O MEU DIA DE ENTRAR BEM... PODE SER O DIA DO AVIADOR. JÁ PENSOU?

Entrevista na Revista do Rádio, 1954

Aracy é rock'n'roll

A cineasta baiana Tainá Moraes conheceu Araca via programa do Silvio Santos. E hoje entende tudo.

"Eu tinha medo de Aracy. Da mesma forma que tinha medo da minha tia Zenaide. E da Cuca. Mulheres bravas. Com cara de raiva. Uma vez minha mãe me falou que aquela jurada mal-humorada de Silvio Santos era uma importante cantora. Quem? Aquela figura carrancuda, de pulôver, cabelo despenteado e óculos esquisito? Aooonde, mãe? Descobri depois que minha mãe mentiu. As mães sempre mentem. Aracy não era importante. Importante é gente que tem busto em praça e vira sanitário de pombo. Aracy teve destino melhor. Aracy é a maioral. Aracy, reinventando o samba, inventou o rock. Tá entendendo?"

Depoimento enviado por email ao autor.

Takes & toques

Artistas falam de sua relação com Aracy no documentário Mosaicos: a arte de Aracy de Almeida, *dirigido por Nico Prado, com coordenação musical de Fernando Faro e produção de Fernando Abdo. TV Cultura, São Paulo, 1977.*

Paulinho da Viola "Conheci Aracy na época do Rosa de Ouro e no Zicartola. Lá, existia uma foto famosa dela dançando com Hermínio Bello de Carvalho. Nesta foto, eu estou ao lado de Nelson Cavaquinho tocando violão. Foi nesse período que a conheci. Mas sempre a acompanhei, sempre admirei Aracy. É... Já declarei isso muitas vezes, né? Se tivesse que escolher assim, três cantoras de samba, certamente ela estaria ali. Algumas vezes cheguei a dizer que foi a maior cantora de samba."

"Noel foi gravado por muita gente, né? A Marília Batista gravou bem muitas coisas dele. Mas para essa obra se tornar tão popular, em primeiro lugar, vem Aracy."

"Aqui em São Paulo, nos semáforos, vendiam uns ioiôs luminosos que acendiam. Aracy comprou um daqueles e passava o tempo todo com o aquilo: *tum-tum-tum-tum*. E até entrava em cena com o ioiô. Era muito divertido."

"Ela tinha uma ponta de ironia, algo assim que soltava sem maldade. Nunca vi maldade nela. Mas era uma coisa engraçada, sabe? Uma ironia de piada."

"Certa vez, lá pelas tantas, ela virou e falou assim: 'Vou te dar um conselho: você não deve beber todo dia. Todo dia, não. Quando você quiser tomar um porre, tome um porre, bebe tudo o que você puder. Mas aquele trago de todo dia, aquele pouquinho, aquilo é que vai acabar com você."

"Aracy é uma lição para todos nós. Era cantora de grande personalidade."

Elis Regina "Uma pessoa que não se preocupa com brilho, com paetê, com lantejoula, não quer saber de estrela na porta do camarim, não tem carro com chofer. É uma mulher maravilhosa."

Aurora Miranda "Samba gingado, rasgado. Samba de morro. Aquele samba que a sociedade começava a participar. A única intérprete foi e será sempre Aracy de Almeida."

Paulo Mendes Campos "Fez viver a linguagem popular do Rio de Janeiro. Há um certo mistério nessa afinidade entre a voz de uma pessoa, a sua maneira de dizer, a sua dicção e a sensibilidade popular. Ela soube transmitir isso melhor do que ninguém."

Fernando Faro "Acho a Araca e o Ciro dois grandes nomes do samba. Se ela fosse mais nova e eu mais moço... casaria com ela."

Sérgio Cabral "Bom, segundo meu querido amigo Paulinho da Viola, Aracy de Almeida é a melhor cantora brasileira.

Aracy nos anos 1960; captação via internet

AMO QUALQUER UM, HOMEM, MULHER, BICHO, COISA. DURA UM DIA, UM MÊS. DURA QUANTO DURAR.

Aracy era uma cantora que tinha aquele jeito de Brasil que ela teve, aquele jeito de falar, de soltar a voz. Era uma coisa brasileira. Acho muito próximo daquilo que o Mário de Andrade queria do cantor brasileiro nato."

Zé Rodrix

Texto no encarte do – absurdo – disco Aracy de Almeida ao vivo e à vontade, *gravado no palco do Lira Paulistana em 1980. O show começa com ela sendo apresentada de modo insólito por Tico Terpins, integrante do grupo Joelho de Porco: "Com vocês, meu pai, Aracy de Almeida".*

As ligações do Tico com Aracy de Almeida vinham de longa data, do tempo dos pais dele. Além disso, as novas gerações nem sabiam que a fabulosa Araca era cantora: pra mais de metade do Brasil ela não era mais que jurada do Silvio Santos. E a gente sabia que Araca era super-super-super-intérprete, uma das cinco grandes.

Por outro lado, nessas horas em que se grava disco com artistas tradicionais do Brasil, fica sempre aquela coisinha hipócrita de encher a boca pra falar "Música Popular Brasileira, porque Sinhô, porque João da Baiana, porque Mário Reis, etc...". Isso não era agradável. O sonho mesmo seria fazer um disco com um artista tradicional que fizesse o Tinhorão desenraizar do próprio vaso.

Araca topou na hora, porque esculacho era com ela mesma. Ela gostava de cantar, o resto era só firula.

E, se confiança havia, vamos nessa. Arrumamos um regional daqueles bem tradicionais, que sabe todo o repertório sem nem precisar ensaiar, naquelas de "dá o tom que eu vou atrás". Os caras deliraram quando souberam que era Araca, imagina, era uma chance em mil. Organizamos tudo e fomos à luta. Uma das coisas que Araca pediu foi que tudo acontecesse da maneira mais natural possível, sem combinações prévias, jogos de cena, textinhos laudatórios e outras bobagens que a turminha sempre inventa nessas horas, fazendo qualquer show de artista ao vivo ficar com cara de missa de corpo presente, aquele horror. Ela queria poder se mostrar pro pessoal do jeito que ela era, na real. E ficou combinado assim: ela entraria em cena, daria o tom para a rapaziada do regional, cantaria o que lhe desse na veneta e saltaria fora. E mais: se a gente quisesse, podia até fazer uma minientrevista com ela no meio do show, que ela gostava mesmo de bater papo e contar as suas verdades da sua maneira. O Tico sempre chamou Araca de pai, o que era mais interessante ainda quando a gente ficava sabendo que o Denner também chamava, junto com mais o Antonio Carlos e o Karitas. Claro, o Tico era o caçulinha. Eu, muito metido a besta, resolvi chamar Araca de pai, também. Meninos, o esporro que ela me pagou não teve similar nem mesmo no tempo em que a escola era risonha e franca. "Sou pai de quatro, ô rumbeiro...". Eu calei a boca. Quando Araca entrou no palco do Lira, cercada por todos os lados de juventude alternativa, foi um dos momentos mais emocionantes da minha vida. As paredes literalmente tremeram, neguinho arrepiou brabo e foi aplauso até não poder mais. E isso foi só o começo. A cada uma que ela puxava do fundo do seu baú era outra onda de aplausos, carinho e delírio, a um ponto tal que (como vocês poderão notar durante o disco) ela só dizia a primeira palavra e quem cantava era o público. Espertíssima, Araca.

    Enfim, foi um chuá, de colher; foi melhor que as encomendas. Ela estava numa noite inspiradíssima, e eu acredito que nunca no Brasil foi feita uma gravação como essa. Não tem choradeira, nem falsidade, nem hipocrisia. A única coisa interessante mesmo foi que, antes do show começar, ela chamou ao Tico e a mim nos bastidores e fez uma lista de assuntos que ela não queria responder.

Quer dizer, mais esperta que todos nós juntos.

Era uma grande artista, e adorava mexer com o público. Tinha um conhecimento inato de como sacudir a plateia, e sabia como ninguém dar a um auditório aquilo que um auditório queria e precisava ouvir. Além do fato de ser uma voz privilegiadíssima num país que cada dia mais fazia música com uma mão no violão e outra na caixa registradora. Foi um sucesso, como vocês vão poder notar. Nas mãos de vocês está a grande Araca como ela era na realidade, intensa, honesta, brincalhona, cheia de balacobaco. Não é um disco como vocês estavam esperando: é muito mais. Aqui dentro está um ser humano da melhor qualidade, que infelizmente fez, faz e fará muita falta. Mas sem choradeira: bola pra frente. Se teve alguém nesse mundo que sempre soube o que quis e nunca abriu mão disso foi a Araca. Quando o show acabou, ela me chamou num canto e disse: "Ô, rumbeiro, aí, valeu. De hoje em diante, se quiser, pode me chamar de tio... E olhe lá...". Araca, você realmente é aquela que não resta a menor dúvida.

Texto do músico Zé Rodrix no disco *Aracy de Almeida ao vivo e à vontade*, gravado em 1980 e lançado pela Continental.

Não tem tradução

Dama do Encantado ou Dama da Central?
Rainha do Balacobaco ou dos Parangolés?
Cantora dos *bas-fond* ou Palhaça de Auditório?
O Samba em Pessoa ou Imperatriz do Samba?
Rainha do Rádio ou Humorista?
Preferida de Noel ou traidora da "autêntica" cultura popular?

Trecho do texto de Flávio Aniceto, coordenador em 2008 do Centro Popular de Cultura Aracy de Almeida (RJ), para o programa da mostra "Aracy de Almeida – 1914-1988: A Realidade do Samba" no Teatro Municipal de Niterói.

Carne seca com farinha

Aracy: "Bem, eu gosto muito da Gal Costa, nós trabalhamos juntas na TV Record. Trabalhei junto com Caetano Veloso, que eu admiro muito o Caetano Veloso. Cheguei a almoçar no apartamento paulista do Caetano Veloso, carne seca com farinha, ali na Avenida São Luis, ele tinha um apartamento muito bonito lá. E eu frequentava a casa dele. Tanto que ele me deu uma música pra 'mim' gravar. Admiro muito o Caetano. A Gal está com um sucesso aí muito bom. E também admiro o Gil, que é aquele que a gente adora. Ele sabe fazer samba também."

Trecho do programa *Vox Populi*, TV Cultura, São Paulo, 1979. Criação de Roberto Muylaert e Carlos Queiróz Telles.

Fraqueza de ouvido

Aracy: "Bem, o Roberto Carlos... Não me toques no Roberto Carlos. Eu vou explicar por que: ele é o cara que mais soube aproveitar da fraqueza de ouvido, vamos dizer assim, do povo que agora está muito desligado e quando quer se ligar, se liga nele. Eu acho que o Roberto é o máximo! Na minha opinião, vai ser um cantor que ficará até o ano 2000 faturando sempre em primeiro lugar. Sabe das coisas, sabe fazer música pra essa gente de agora."

Trecho do programa *Vox Populi*, TV Cultura, São Paulo, 1979. Criação de Roberto Muylaert e Carlos Queiróz Telles.

Como uma deusa

Há os eruditos e os mestres do samba. Erudito foi Almirante, o velho Almirante. Mestres, os do morro e do subúrbio, os das escolas de samba e os dos estúdios. Mas a figura suprema, a flor do samba, a clássica foi Aracy de Almeida. Todos tiveram momentos de fraqueza, compositores e intérpretes. Nem todas as músicas de Sinhô valem um "Jura" e o próprio Noel fez suas literaturas baratas, sobretudo depois que começaram a chamá-lo de filósofo do samba. Só Aracy se manteve a mesma de velhos tempos. Só Aracy guardou o estilo e a escola. Na suplicante dor de Menelau de "Não me diga adeus", está a mesma voz, o mesmo requebro, a mesma bossa meio gregoriana da intérprete de "Tenha pena de mim", de "Quem sofreu mais do que eu", ou do "Último desejo". Aracy foi o Homero do samba, a cantora por excelência dos Ulisses do morro. A única em que ainda se encontrava viva a alma do samba puro, do samba sem demagogias e estilizações.

Aracy está pra história do samba assim como Napoleão pra história da guerra, Domingos da Guia pra do futebol, Rimbaud pra poesia, e meu amigo Tricoline pra história de malandragem, baralho, punga e sangue dos morros cariocas.

<small>Texto do jornalista Natanael de Barros, reproduzido do programa do espetáculo *Aracy de Almeida no país de Araca*, montado em 2001 no Centro Cultural Banco do Brasil, Rio de Janeiro.</small>

Mário de Andrade: pilantra

Aracy de Almeida: "Mário de Andrade... E aí a gente batia aquele papo, a gente tava sempre com umas e outras... e não dava pra guardar na cabeça... porque se eu fosse armazenar todas aquelas conversas que eu tinha com esse pilantra, você já viu, né? Eu conhecia o Mário de Andrade desde outros tempos... na Taberna da Glória. E lá tinha aquele contrafilé com fritas, com aquela cervejinha preta... era muito gostoso!"

<small>Entrevista a Hermínio Bello de Carvalho no especial *Contra-luz*, TVE, 1987.</small>

Pergunta de uma moça: Aracy, você acha que há alguma relação entre a obra de Noel Rosa e Chico Buarque?

Aracy: Não há não, não é nem parecido. Eu acho que o Chico tem valor e o Noel Rosa também tinha um valor. Sendo que o Chico era admirador do Noel Rosa, inclusive eu morava aqui em São Paulo, no edifício Metro, o Chico devia ter seus 14, 15 anos e aparecia lá em casa pra eu ensinar alguma coisa. Tanto que eu que ensinei o "Três apitos", do Noel Rosa, pra ele tirar no violão. Ele era apenas admirador, sendo que o Chico é muito bom e o Noel era também.

<small>Trecho do programa *Vox Populi*, TV Cultura, São Paulo, 1979. Criação de Roberto Muylaert e Carlos Queiróz Telles.</small>

Foto: programa Silvio Santos, anos 1980; captação via internet

PARANGOLÉS, DEZ MANGO, MATUSQUELAS, BADULAQUES, VINTE PAUS E OUTRAS MUMUNHAS MAIS: VAMOS PULAR FORA DAS BOCA?

DO CARALHO

Aracy: o samba em pessoa. O samba em peçonha. Ela fala, brada, retruca, xinga. Aracy rocks.

Araca-teen

"Eu queria é ter começado agora. Estou muito entrosada, muito incrementada. Aqui na minha cabecinha eu continuo tendo 13 anos."

Revista *Manchete*, Rio de Janeiro, 18/09/1971.

Assim mesmo

Entrevista publicada na Revista da Música Popular, *em outubro de 1954, feita por Lúcio Rangel.*

Lúcio Rangel – Gosta de cantar?

Aracy - Não.

L – E de homem?

A – Adoro.

L – Que acha de Noel Rosa?

A – Divino.

L – E Pixinguinha?

A – Idem.

L – Gosta de cachorro?

A – Muitíssimo.

L – E de comida?

A – Um pouco chato a gente ter de comer.

L – Que acha do uísque falsificado?

A – É a morte.

L – Trocaria um tango por uma palestra?

A – Troco sempre.

L – Qual o maior cantor de todas as épocas?

A – Meu bom Sílvio Caldas.

L – Seu mal é comentar o passado?

A – Vivo do presente, de acordo com minha religião.

L – Qual a sua religião?

A – Protestante.

L – Dos livros da Bíblia, qual o seu preferido?

A – O *Eclesiastes*, aquilo é puro existencialismo.

L – Podendo salvar apenas um, quem livraria de um naufrágio: Caymmi ou Paulinho Soledade?

A – Caymmi.

L – Cite um novo que valha a pena?

A - Antônio Maria.

L – Já cantou músicas dele?

A – Fui eu quem mais gravei músicas de Maria.

L – Com sucesso?

A – Noel, na época, também não fazia sucesso.

L – Já teve vontade de ter um capote *agneau rase*?[9]

A – Não gosto de capotes.

L – E de granfinos?

A – Uma quadrilha de chatos, chatos com galochas.

L – Gosta da popularidade?

A – Detesto.

L – E de homens de bigodinho?

A – Gosto e você sabe, tenho dois deles.

L – Defina um louco?

A – Um sujeito que se viu livre.

L – Ary Barroso?

A – Gosta de cartaz e de pixar os amigos.

L – Quem não deveria ter morrido?

A – Na minha família não morre ninguém há cinquenta anos.

L – Para terminar, diga alguma coisa que ainda não foi perguntada.

A – Gostaria de falar com entusiasmo sobre São Paulo, minha maior ternura...

Entrevista redescoberta por Gilberto Cruvinel, publicada no site Jornal GGN (jornalggn.com.br), em 19/08/2014

---

[9] Lã com tons azulados.

Aff
"Se fosse pra viver do passado, eu pegava num rosário."
Jornal do Brasil, Rio de Janeiro, 11/11/1981.

RG
"Com Y fica mais bacana." (sobre a grafia do seu nome)
"Idade? Não digo. Sou Matusalém e estou numa boa."
Jornal do Brasil, Rio de Janeiro, 11/11/1981.

Pré-punk
Estranho caldeirão onde se desenvolveu uma personalidade de tal forma idiossincrática, que levou ao comentário de que ela foi existencialista antes dos existencialistas, hippie antes dos hippies e punk muito antes dos punks, numa época em que apenas a combinação de calça comprida e botas na sua indumentária bastava para chocar os costumes (Aracy usava bota por causa de um problema nos pés). De fato, vaidade feminina não era seu forte. Antônio Maria comentou certa vez que ela "corta o cabelo de um jeito que a torna parecida com Castro Alves".
Trecho de texto do blog Burburinho (www.burburinho.com.br), de Rafael Lima, 2005.

Vamos pirulitar?
Os poucos aforismos que sei de cor me foram ensinados por Dame Aracy d'Almeida, uma douta no Velho Testamento, que ela cita entre palavrões, elevando-os, como já disse e repito, à categoria das cantatas de Bach.
A grande verdade, devo confessar, é que Araca atualmente anda num azedume brabo. Não ter feito o disco de

Cartola deixou-a, como ela diz, "com o vago simpático alterado, boiando no tetéu. Gosta, sim, do Tom, do Chico, do Caetano ("Ele é do cacete"), do Paulinho da Viola ("Divino!"). Mas, reitera, não chegam aos pés de Noel.

Prótons e elétrons chispam nos olhos da Rainha dos Parangolés, da Arquiduquesa do Encantado, Dame Aracy d'Almeida, a Dama da Central. "Vamos nos pirulitar, Bello Hermínio?" é a senha pra gente tomar outro rumo antes que a tempestade desabe e a borrasca do seu repentino mau humor nos envolva.

Levei-a de volta ao seu castelo do Encantado, onde vive entre sua coleção de faianças e cristais, ouvindo jazz e canto gregoriano, cultivando sua vagotonia.

Mas, ainda na porta, aconselha: "Andas precisando ler o Velho Testamento. É do caralho!" Explica que Antônio Maria lhe ensinou que ali estão todos os princípios fundamentais do existencialismo. Negra, judia e existencialista. Araca: a mais perfeita tradução do anarquismo.

Cartas cariocas para Mário de Andrade, de Hermínio Bello de Carvalho, Edições Folha Seca, 1999.

No fiofó de Maria

Aracy de Almeida sabia tudo sobre Antônio Maria. Mesmo assim, como gostava de dizer brincando, continuava gostando dele. Naquele dia, no entanto, o que viu Araca, a maior intérprete de Noel Rosa, também cognominada a arquiduquesa do Encantando, foi demais mesmo para quem já tinha desta vida visto tudo que é esdrúxulo, chocante, extraordinário. Nenhum som de *xis* lhe era estranho, mas aquilo, xiiiii, não sei não.

A cantora tinha ido visitar o grande amigo e, ao encontrar a porta apenas encostada, empurrou-a. Foi então que ela viu, nu, de quatro, traseiro descomunalmente branco apontando para a porta, o todo digno autor de "Ninguém me ama". Desculpem, mas é preciso biografar todos os detalhes: Antônio Maria tentava se autoaplicar um supositório.

– Graças a Deus, Aracy – exultou o célebre compositor.

– Já tentei todas as posições e não consegui nada. Me ajuda com essa porcaria aqui.

Antônio Maria: noites de Copacabana, de Joaquim Ferreira dos Santos, 4a edição, Relume Dumará, 1996, p. 69.

Mora na filosofia

"*Sabe aquela do Goethe e do Schopenhauer?*" Lembrava-me vagamente de alguma coisa, que ela reavivou. Que os dois estavam, assim como nós naquele momento, vagabundeando pelas noites de Viena (vamos transferir a cena para São Paulo), quando pararam diante de uma vitrine cheia de quinquilharias – feito aquela com a qual nos defrontávamos. Araca andava impregnada dos provérbios de Salomão nos quais, segundo lhe informara Antônio Maria, se baseavam todos os princípios do existencialismo. Goethe teria dito para o Schopenhauer: "Olhaí quantos *breguetes* que nós precisamos".

Araca: arquiduquesa do encantado – um perfil de Aracy de Almeida, de Hermínio Bello de Carvalho, Edições Folha Seca, 2004, p. 27.

Você rasparia a cabeça?

– A "mamãe" aqui não é muito de melindres, não, mas também não embarca em qualquer canoa furada. Eu seria capaz de raspar a cabeça, mas por muita "gaita". Tinha que haver muitas "abobrinhas", pois por menos de 2 milhões eu não faria.

Enquete com artistas na *Revista do Rádio*, Rio de Janeiro, 27/05/1961.

Enfezada

No carro que a trazia de volta de um show em São Paulo, Fafá de Belém relembra um causo aracyano que ouviu da cantora Tuca (1944-1978): "Elas estavam em uma recepção na casa do político Adhemar de Barros, na metade dos anos 1960. E os garçons serviam apenas canapés, canapés e aquelas bobagens de coquetéis. De repente, Aracy encara o garçom e pergunta: "Escuta, vocês aqui não servem comida que 'produza bosta'? Só vai ter isso, meu filho?".

História contada pela cantora Tuca (1944-1978) a Fafá de Belém; relatada ao autor em junho de 2014.

Escarradeira do sublime

"*Rasga esta máscara ótima de seda / e atira-a à arca ancestral dos palimpsestos*", é a voz de Araca do outro lado da linha, recitando para mim Augusto dos Anjos. Mude-se a cena para minha casa, ela recitando de memória: "*Toma um fósforo, acende teu cigarro/ o beijo, amigo, é a véspera do escarro/ a mão que afaga é a mesma que apedreja*". E, triunfante, completava: "*Se a alguém ainda pena a tua chaga/ apedreja essa mão vil que te afaga/ escarra* (e exclamava, sibilando o '*escarra*') *nessa boca que te beija!*". "Não é do caralho, Bello Hermínio?"

Costumo dizer que Aracy de Almeida elevou o palavrão à categoria de uma cantata de Bach. E como ser humano, esteve bem mais próxima de Salomão do que eu mesmo suspeitava.

Araca: arquiduquesa do encantado – um perfil de Aracy de Almeida, de Hermínio Bello de Carvalho, Edições Folha Seca, 2004, p. 17.

MPB-4?

Em 1966, o grupo vocal MPB-4 se destacava nos festivais universitários entre os artistas ligados às temáticas de protesto. Mas os afinados rapazes de Niterói não agradaram ao "padrão Aracy de qualidade": ela começou a implicar com o nome do grupo formado por Aquiles, Rui, Miltinho e Magro. E comentou com seu amigo Carlos Machado, produtor de shows e revistas musicais:

"MPB-4? Esse nome é muito esquisito, ô Machado. Isso tá parecendo prefixo de trem da Central."

Memórias sem maquiagem, de Carlos Machado, Livraria Cultura Editora, 1978, p. 236.

Chuteiras

"Amo o Vasco, no Rio, mas adoro o Palmeiras, em São Paulo. Sou vascaína podre. Sou palmeirense podre. Morro. Sou palmeirense doente mesmo."

Revista Realidade, São Paulo, 10/1968.

Sabão conjugal

"Solteira, sim. Até hoje. Acho esse babado de casamento uma onda bastante enrolada. No começo, são flores e mais flores. Depois, pedras e espinhos. É a rotina, não é, filhinho? Todo o dia a mesma toalha, o mesmo sabonete. É fogo. Além do que, esse assunto é maçante. Vamos deixar para o próximo número."

Revista Realidade, São Paulo, 10/1968.

Commedia dell'arte

"Uns e outros aí já disseram que eu sou uma mulher sem modos, que eu já morri e não-sei-o-quê, e se queixam até dos meus palavrões. Acontece que eu não estou a fim de fazer média com ninguém. O Hermínio fica puto da vida quando eu digo que agora eu sou mais comediante. Aí ele me esculhamba dizendo que eu faço humor negro."

<small>Araca: arquiduquesa do encantado – um perfil de Aracy de Almeida, de Hermínio Bello de Carvalho, Edições Folha Seca, 2004, p. 9.</small>

Ora, me deixe

"Não dá, meu filho. Pra que reportagem? Deixa isso pra lá que eu não gosto de emboança. Homenagem e vela para defunto vivo é mau agouro.

Mas na minha carreira, nunca tive esses parangolés de fã-clube. E pra que receber faixa se nunca estive acidentada? Agora, bebemoração, isso eu sempre tive em todos os clubes da alta que eu frequentava."

<small>Revista Fatos & Fotos, Rio de Janeiro, 14/10/1982.</small>

Araca, a santa

"Vou por estes dias à capital paulista para fazer televisão e renovar meu guarda-roupa. É que a titia aqui só faz vestidos no Denner, Maria Augusta e no Alberto. Aliás, a Maria Augusta, criadora deste vestido que estou usando, já está trabalhando no Rio também. Quando for a São Paulo preciso visitar meu amigo Clóvis Graciano e apanhar o quadro "Os Bandeirantes", que ele pintou para mim, que ficou lá para colocar moldura."

Enquanto aguardavam a hora de gravar o vídeo-tape de "Agora, Cassio Muniz", Luís Jatobá faz um convite e Aracy diz:

"Aceito, mas faço questão de avisar que só gosto de uísque puro com gelo, nada desse negócio de soda, água mineral e outras 'perfumarias'. Há muita gente que não sabe que estou no Rio, porque não ando me exibindo em todos os lugares. Não gosto de fofocas, mesmo porque minha religião não o permite. Sou batista e sigo os preceitos da Bíblia."

Revista do Rádio, 05/1959.

Distúrbio

"Pra não dizer que eu sinto medo, vou dizer que tenho receio. Ou, melhor ainda, que eu tenho um distúrbio neurovegetativo que não me deixa viajar de avião. Eu embarco no Rio e chego a São Paulo tontinha. Prefiro o trem, que é na base do antigo e do seguro."

Fala de Aracy extraída do livro Dama do Encantado, de João Antônio, Nova Alexandria, 1996.

Neuras

"Sempre tenho depressão. Sou neurótica em último grau... o motivo não sei. Só sei que tenho os sintomas de todas as doenças."

O Globo, Rio de Janeiro, 02/08/72.

Frente

"Não sei o que você chama de alegria. Gente feliz nasce morta."

O Globo, Rio de Janeiro, 02/08/72.

Verso

"O que interessa é que todo mundo saiba que a minha vida é muito alegre, pois eu amo a alegria, e não gosto de tristeza."
Jornal do Brasil, Rio de Janeiro, 08/06/1969.

Farfalhante

Perguntei que palhaçada tinha sido aquela de jogar dinheiro pro alto no meio de uma boate em São Paulo, comentário que corria solto entre bocas felpudas e farfalhantes.
– Nada, Bello Hermínio. Foi apenas um desfrute.

Na glória

Araca era Araca, e mesmo se estivesse em trapos, ainda assim era a grande atração da noite. Cantou até não mais poder, e vinham séquitos prestar-lhe reverências, fazer salamaleques. E pelo menos a um jovem industrial que viera em avião próprio de São Paulo, retribuiu o afetuoso abraço com pergunta desconcertante: "Quer dizer então que estás com mina nova no pedaço?", referência à belíssima, e muito mais jovem, mulher a quem agora era apresentada. "Ah, Dona Aracy, a senhora não imagina quanta honra é conhecê-la pessoalmente. Como vai passando?"
– "Ah, minha filha, eu ando muito fodida!"
E transformando sua camisa numa espécie de sacolão de feira, foi recolhendo doces e salgados (*"é pra minha cachorra lá de casa"*) e, obedientes à sua ordem de retirada, lá fomos os três completamente bêbados, ela saindo gloriosa sob estrondosa salva de palmas.

Araca: arquiduquesa do encantado – um perfil de Aracy de Almeida, de Hermínio Bello de Carvalho, Edições Folha Seca, 2004.

Carnavália

"Já desfilei pelo Salgueiro e pela Mangueira, mas sou mesmo é mangueirense, até debaixo d'água."

O Globo, Caderno de Bairro Méier, Rio de Janeiro, 13/01/1988.

Cópula

Em uma festa, o jornalista e historiador Sérgio Cabral foi recebido de modo efusivo por Aracy. Ele estava acompanhado por sua jovem parceira, Magali, com quem acabara de se casar. De repente, surge a pergunta de Araca, em tom bem alto:

– "Como é, Sérgio Cabral, tens copulado muito?"

Araca: arquiduquesa do encantado – um perfil de Aracy de Almeida, de Hermínio Bello de Carvalho, Edições Folha Seca, 2004, p. 27.

Nas ventas

"Mas, escuta Pitanga (Ivo Pitanguy), você, que já endireitou tanta gente por aí, ainda não reparou no meu nariz? Tem mais carne do que açougue. O senhor acha que eu deveria ficar com ele assim mesmo?"

Revista Manchete, Rio de Janeiro, 16/04/1966.

Lantejoula janista

No começo da década de 1950, mudou-se para São Paulo, onde ficou por doze anos. Seu prestígio e sua verve viajaram junto, não se abalando com os elogios com que a cobriu o então governador Jânio Quadros: "Deixa disso, governador. Isso são lantejoulas da sua parte."

Trecho de texto do blog Burburinho (www.burburinho.com.br), de Rafael Lima, 2005.

Legado ligado

"Nós, da velha guarda, vamos deixar aí uma bagagem de músicas maravilhosas, somos citados em dicionários, mil babados. Só falta entrar para a Academia Brasileira de Letras."

Revista *Fatos & Fotos*, Rio de Janeiro, 04/07/1976.

Crime & beleza

"Eu tenho vício de ouvir o Gil Gomes[10]. Adoro aquela gritaria dele. Ele pega um crime e faz um romance. Adoro!"

Entrevista de Aracy de Almeida concedida a Antônio Bivar, para a revista *A-Z*, São Paulo, 1987.[10]

[10] *O radialista paulistano Gil Gomes comandou programas de reportagens policiais populares nos anos 1970 e 1980.*

Vaca profana

Na companhia de Ciro Monteiro e outros bambas devidamente alterados pelos excessos etílicos, Aracy tirou da manga a seguinte carta ao depararem com um vendedor de exemplares do Novo e do Velho Testamento em frente ao Hotel Normandie:

"Agora, vou pagar uma rodada de bíblias!"

Citação do blog Burburinho (www.burburinho.com.br), de Rafael Lima, 2005.

Down no high society

Uma vez ela chegou num ambiente da alta sociedade, e uma daquelas mulheres metidas a besta se aproximou toda simpática e disse:

– Olha, Aracy, você não se preocupe, viu? Pode falar palavrão à vontade porque nós também falamos palavrão.

Toda contente, crente que tava agradando. Aracy olhou bem pra mulher e disse:

– Dona, palavrão tem hora, ouviu?

Billy Blanco, no programa/libreto do espetáculo *Aracy de Almeida no país de Araca*. CCBB/2001.

Hello

Nenhuma citação traduz melhor o que ela era do que a maneira como respondeu ao "olá" meio para lá do pouco caso do ator Maurício Barroso, defronte à Livraria Jaraguá, em São Paulo, como se estivesse fazendo um favor ao cumprimentá-la: "E eu lá sou mulher de olá?!"

Araca: arquiduquesa do encantado - um perfil de Aracy de Almeida, Hermínio Bello de Carvalho, Edições Folha Seca, 2004, p. 17.

Pegação

Pergunta: "O que você acha dessa pornografia que tem aqui pelo centro de São Paulo?"

Aracy: "Eu acho tudo normal, né? Normal. Agora estamos vivendo a época do vupt-vupt. É isso aí."

Entrevista de Aracy de Almeida concedida a Antônio Bivar, para a revista *A-Z*, São Paulo, 1987.

Cheque-mate

Certa vez, Luiz Carlos Paraná, dono da boate Jogral, que Aracy tanto frequentava nos anos 1970, me mostrou um cheque preenchido por ela – sem querer. O valor não lembro com certeza, mas era, digamos, algo como 200 cruzeiros – a moeda da época. Paraná guardou essa relíquia em que ela escreveu por extenso: "duzentos mangos". Hahaha.

Marília Gabriela, por email ao autor, julho de 2014.

Macha & malandra

Em 1966, quando Aracy se apresentava com músicos da bossa nova no Teatro Santa Rosa, em Ipanema, eu assistia ao show todas as noites. E, no final, sempre conversávamos um pouco. Ela me chamava "garotão", com aquele jeito misto de macha com malandra e me convidava para ver a sua coleção de discos 78 rotações lá no Encantado. Nunca fui, por medo que ela fosse me comer. Hoje me arrependo. Devia ter ido e ter sido comido. Kkkkkkkk.

Antônio Bivar, por email ao autor, julho de 2014.

Poronga

"Sapatão? Quem inventou isso aí, hein? Eu queria saber quem foi o autor. Porque... Eu já conheço vários nomes. Tem um chamado 'gorgota'. É. Agora, de 'gorgota' passou pra 'sapatão'. Sapatão eu acho que é essas 'mina' que gostam pouco do 'chega pra lá'. É aquela que não tá muito a fim de uma poronga, vamos dizer assim, né? Tá assim de curtir uma diferente, um barato, vá!"

Aracy de Almeida durante o show *Ao Vivo e à vontade*, gravado em 1980, e editado pela gravadora Continental.

Vivaracy!

O comportamento masculinizado de Aracy instigava, encantava ou irritava o público mediano. Ela levava tudo sem problemas.

Mulher 1 pergunta: "Porque você tem tanto jeito de machona?"

Aracy: "É isso que eu tô dizendo. Todo mundo anda de calça comprida, eu não posso andar? É isso aí."

Mulher 2 pergunta: "Aracy, por que você só usa calças compridas? Não gosta de vestido?"

Aracy: "Olha, eu uso calças compridas pelo seguinte: é mais cômodo para mim. Sou a pessoa mais sem modos da paróquia. Devido a isso... Já usei muito vestido, o Denner fez muita roupa para mim, cantei muito vestida de saia. Mas agora resolvi usar calças porque ando de botas. Eu tenho o pé chato e preciso usar botas para ver se o pé melhora. Não posso mais usar sapato de salto alto. No passado, eu era mais magra, pesava 40 quilos. Agora tô gorda, piorou meu pé. Calça comprida pra mim é um alívio."

Apresentador: "Será que é por esse hábito de calça comprida que a primeira moça perguntou sobre os seus hábitos um pouco masculinos, Aracy?"

Aracy: "Eu não sei porque ela perguntou isso... porque hoje tanta mulher usa calça comprida, né? E outras coisas: blusa, camisa, elas andam aí à vontade. Como sou uma artista muito popular, que todo mundo me manja na rua, então a turma resolve dizer isso, dizer aquilo, dizer aquilo outro. Eu sei muito bem o que que ela 'tá' se referindo. Mas, minha filha, não é nada disso não."

Mulher 3 pergunta: "Por que você nunca se casou, Aracy?"

Aracy: "Porque o homem dos meus sonhos nasceu morto, minha filha."

Trechos do programa *Vox Populi*, TV Cultura, São Paulo, 1979. Criação de Roberto Muylaert e Carlos Queiróz Telles.

The end?

E o dia amanheceu mais triste em 20 de junho de 1988, quando Aracy de Almeida faleceu aos 73 anos vitimada por um edema pulmonar. Ao seu velório no Teatro João Caetano, compareceram mais de 20 mil pessoas. Como última homenagem, o carro dos bombeiros conduziu o corpo de Aracy por lugares importantes do Rio Janeiro, marcantes na vida da cantora. Passou por Copacabana, Glória, Lapa, Vila Isabel, Méier e, claro, pelo Encantado. Foi o último brilho de uma grande estrela, antes do definitivo adeus.

Trecho extraído da edição 64 do programa *Estúdio F*, roteirizado por Cláudio Felício e apresentado pela Rádio Nacional, com apoio Funarte/Radiobrás.

Foto acervo Hermínio Bello de Carvalho

FOI APENAS UM DESFRUTE.

REFERÊNCIAS BIBLIOGRÁFICAS

MELLO, Zuza Homem de e SEVERIANO, Jairo. *A Canção no Tempo – 85 Anos de Músicas Brasileiras*, Editora 34, 1998, Vol. 1.

COELHO, Frederico. *Eu, brasileiro, confesso minha culpa e meu pecado*. Civilização Brasileira, 2010.

JUNIOR, Abel Cardoso. *Carmen Miranda – A Cantora do Brasil*, edição particular do autor, 1978.

ANTÔNIO, João. *Dama do Encantado*, Nova Alexandria, 1996.

ALMIRANTE. *No tempo de Noel Rosa*, 2a edição, Livraria Francisco Alves Editora, 1977.

MÁXIMO, João e DIDIER, Carlos. *Noel Rosa – Uma biografia*. Editora UNB, 1990.

SANTOS, Joaquim Ferreira dos. *Antônio Maria – Noites de Copacabana*, 4a edição, 1996, Relume Dumará.

ALENCAR, Edigar de. *O Carnaval carioca através da música*. Livraria Francisco Alves Editora, 5a edição, 1985.

SANTOS, Joaquim Ferreira dos. *O Diário de Antônio Maria*. Civilização Brasileira, 2002.

SANTOS, Joaquim Ferreira dos. *Seja feliz e faça os outros felizes* – Crônicas de humor de Antônio Maria. Civilização Brasileira, 2005.

SANTOS, Joaquim Ferreira dos. *Benditas sejam as moças* – crônicas de Antônio Maria. Civilização Brasileira, 2002.

CABRAL, Sérgio. *Nara Leão* – Uma biografia. Lumiar, 2001.

CARVALHO, Hermínio Bello de. *Araca* – arquiduquesa do encantado, um perfil de Aracy de Almeida, 1a edição, 2004, Edições Folha Seca.

CALLADO, Carlos. *Tropicália* – A história de uma revolução musical, Editora 34, 1997, página 78.

CABRAL, Sérgio. *No Tempo de Ari Barroso*, Lumiar Editora. 1993.

CASTRO, Ruy. *Chega de Saudade* – A história e as histórias da Bossa Nova, Companhia das Letras, 1990

JUNIOR, Queiroz. *Carmen Miranda* – vida glória amor e morte, Companhia Brasileira de Artes Gráficas, 1956.

CARVALHO, Hermínio Bello de. *Cartas cariocas para Mário de Andrade*, Edições Folha Seca, 2a edição, 1999.

RUIZ, Roberto. *Araci Cortes* – Linda flor. FUNARTE, 1984.

FONSECA, João Elísio. *A Estrela Dalva*. Editora Espaço e Tempo, 1987.

VALENÇA, Suetônio Soares. *Tra-lá-lá* – Vida e obra de Lamartine Babo. Editora Impressora Velha Lapa, 2a edição, 1989.

LOUZEIRO, José. *Elza Soares* – Cantando para não enlouquecer. Editora Globo. 1997

GIL-MONTEIRO, Martha. *Carmen Miranda* – A pequena notável. Editora Record. 1989.

CASTRO, Ruy. *Carmen: Uma biografia*. Companhia das Letras, 2005.

MENDONÇA, Ana Rita. *Carmen Miranda foi a Washington*. Editora Record. 1999

IGNEZ, Helena e DRUMMOND, Mario. Orgs. *Tudo é Brasil* – Projeto Rogério Sganzerla. Letradágua, 2005.

BARBOSA, Florinda e RITO, Lucia. *Quem não se comunica se trumbica*. Editora Globo. 1996.

ENEIDA. *História do carnaval carioca*. Editora Record. 1987.

VELOSO, Caetano. *Verdade Tropical*, Companhia das Letras, 1997.

MACHADO, Carlos. *Memórias sem maquiagem*, 1978, Livraria Cultura Editora.

MARIA, Antônio. *Pernoite – Crônicas*. Martins Fontes/Funarte, 1989.

MARIA, Antônio. *Com vocês, Antônio Maria*. Paz e Terra, 1994.

CAYMMI, Stella. *Dorival Caymmi – O mar e o tempo*, Editora 34.

VELOSO, Caetano. *O mundo não é chato*. Companhia das Letras, 2005.

CARVALHO, Luiz Fernando Medeiros de. *Ismael Silva: Samba e resistência*. José Olympio Editora, 1980

NEGREIROS, Eliete Eça. *Ensaiando a canção: Paulinho da Viola e outros escritos*. Ateliê editorial, 2011.

CASTRO, Maurício Barros de. *Zicartola: política e samba na casa de Cartola e Dona Zica*. Azougue editorial, 2013.

SALOMÃO, Wally. *Hélio Oiticica – Qual é o parangolé? e outros escritos*, Rocco, 2003.

SGANZERLA, Rogério. Por um cinema sem limite, Azougue editorial, 2001.

JACQUES, Paola Berenstein. *Estética da ginga – A arquitetura das favelas através da obra de Hélio Oitici*ca, Casa da Palavra, 2001.

ALENCAR, Edigar de. *Nosso sinhô do samba*, Edição Funarte (MPB Reedições 5), Rio de Janeiro, 1981.

OUTRAS REFERÊNCIAS

Revista do Rádio / Estado de Minas / Revista Piauí / Última Hora / Semanário O Pasquim / jornal O Semanário / TV Globo / TV Bandeirantes / TV Cultura / SBT / Folha de S. Paulo / O Estado de S. Paulo / revista Realidade / revista Manchete / Jornal do Brasil / revista Fatos & Fotos / site Jornal GGN/ Blog Burburinho de Rafael Lima / Revista do Rádio / revista A-Z / revista Manchete / Blog Fatos Novos Novas Ideias de Francisco Barreira / Centro Popular de Cultura Aracy de Almeida.